# COLLECTION L'ETUDIANT PRATIQUE

## Lycée

10 Réussir sa classe de seconde
11 Comment préparer le bac ?

## Bac

101 Que faire avec un bac ES ?
102 Que faire avec un bac L ?
103 Que faire avec un bac S ?
104 Que faire avec un bac STI, STL, SMS ?
105 Que faire avec un bac STT ?
106 Que faire sans le bac ?

## Études

201 BTS ou DUT : comment choisir ?
202 Bien choisir sa classe préparatoire
203 Bien choisir son école de commerce
204 Bien choisir son école d'ingénieurs
205 Réussir Sciences po
206 Que faire après un BTS/DUT ?
207 Etudier en Europe
208 Réussir son DEUG

## Pratique

301 1 000 pistes de jobs
302 Le Guide des stages et séjours linguistiques
303 Réussir son service national

## Premier emploi

401 Trouvez votre premier emploi
402 Le guide du CV
403 Réussissez vos entretiens d'embauche
404 Entraînez-vous aux tests de sélection
405 1 000 entreprises qui vous recrutent
406 Trouvez votre stage en entreprise

## Talents : comment débuter ?

501 Les Métiers de la publicité
502 Les Métiers du journalisme
503 Les Métiers de la communication
504 Les Métiers du tourisme
506 Les Métiers des langues
507 Comment débuter dans l'audiovisuel ?

## Vocation

601 Les Métiers de l'enseignement
602 Les Carrières paramédicales
603 Les Métiers de l'humanitaire
604 Les Métiers de l'environnement

## Jeunes diplômés

701 Les Métiers du marketing
702 Les Métiers de l'informatique
703 Les Métiers des ressources humaines
704 Les Métiers du commerce international
705 Les Métiers du droit
706 Que faire avec des études littéraires ?
707 Les Métiers de la sociologie
708 Les Métiers de la banque
709 Les Métiers de la gestion
710 Les Métiers de la fonction publique

## Découverte des métiers

801 Les Métiers avec des enfants
802 Les Métiers de l'artisanat

# BIEN CHOISIR SON ÉCOLE D'INGÉNIEURS

SYLVIE KARSENTY

*8e édition*

l'Etudiant

# SOMMAIRE

Pour bien utiliser ce livre, et trouver la bonne réponse à votre question, consultez l'index en fin d'ouvrage.

Les informations que nous publions dans ce livre sont à jour en décembre 1994.
Pour les actualiser ou pour les compléter, lisez chaque mois ***l'Etudiant*** ou tapez **36.15 LETUDIANT.**

# INTRODUCTION

Dans un contexte économique morose, le titre d'ingénieur reste envié ; il donne accès à des métiers variés et bien rémunérés. À la rentrée 1993-1994, près de 230 écoles sont habilitées à délivrer le précieux diplôme d'ingénieur. Le plus difficile est d'y entrer, car ces établissements choisissent les meilleurs élèves. La sélection draconienne est leur devise et les obstacles se succèdent.

La formation d'ingénieur est une formation large où les mathématiques et la physique cohabitent avec l'informatique, les langues et l'économie. Les écoles ont tissé des liens avec les entreprises, qui siègent dans leurs conseils d'administration, accueillent leurs stagiaires, confient des contrats à leurs laboratoires de recherche et délèguent des enseignants vacataires. La première partie de ce livre recense les caractéristiques communes à toutes les écoles et décrit les métiers auxquels elles préparent.

## ■ Un titre, des dizaines de spécialités

Ces points communs cachent un grand nombre de diversités. Choisir une école, c'est s'inquiéter de ces différences. Dans la deuxième partie de ce livre, nous vous donnons les moyens de les situer selon quatre critères : le niveau d'entrée, la spécialité dominante, la place de la recherche et la cote de l'école auprès des entreprises. Les unes recrutent des bacheliers, les autres demandent un passage préalable par les classes préparatoires ou par l'université. Du textile à l'agronomie en passant par l'électronique, leurs spécialités sont multiples. Significative, parce qu'elle rejaillit sur la qualité de l'enseignement, la recherche est aussi un signe de vitalité et d'ouverture sur l'extérieur. Englober toutes les écoles d'un même adjectif en les qualifiant de « grandes » est un peu rapide. Cette dénomination correspond à un réflexe de défense contre l'université. La hiérarchie existe, même si elle n'est pas immuable. Les grandes entreprises classent généralement les écoles en quatre groupes, mais, d'un employeur à l'autre, ces groupes ne sont pas constitués par les mêmes écoles...

Que fait-on dans les écoles ? S'y repose-t-on enfin du labeur des prépas et de l'angoisse des concours ? Pas vraiment... Là encore, la diversité des pratiques est la règle. A l'intérieur d'une même spécialité, la mécanique par exemple, l'importance accordée à chaque discipline varie. Comme la durée des stages et le contrôle des connaissances... Rassurez-vous, il reste un peu de temps pour se distraire. Certains élèves gèrent même des entreprises entre deux cours. Dans la troisième partie de ce livre, nous décrivons la scolarité et la vie extrascolaire.

Le système d'entrée dans les écoles est d'une complexité diabolique. La dernière partie du livre fournit, chiffres à l'appui, les clés d'entrée dans ces écoles. Elle décrit sous forme de fiches les admissions normales et les admissions parallèles dans les écoles qui recrutent principalement aux niveaux bac, bac+1 et bac+2.

## PARTIE 1

# DE L'ÉCOLE À L'ENTREPRISE

Qu'y a-t-il de commun entre l'École nationale des ponts et chaussées, créée en 1747, qui recrute sur concours des élèves issus de maths spé, l'Institut supérieur d'électronique de Paris (ISEP), fondé en 1955, qui accueille des titulaires du baccalauréat et les forme en cinq ans, et le Centre d'études supérieures industrielles (CESI), qui a lancé en 1990 la première formation d'ingénieurs par l'apprentissage ?

Ce n'est certainement pas le mode de recrutement, pas plus que l'organisation des études. Encore moins le statut, puisque 63 % des écoles sont publiques et 37 % privées ou consulaires, c'est-à-dire dépendantes d'une chambre de commerce et d'industrie.

Leurs dénominateurs communs ? L'habilitation à décerner le titre officiel d'ingénieur, la sélection à l'entrée, une formation large qui ne se limite jamais à une seule discipline, des liens étroits avec l'industrie.

SOMMAIRE

# UN SYSTÈME COMPLEXE

Si le titre d'ingénieur est libre, ce n'est pas le cas pour celui d'ingénieur diplômé qui est protégé par la loi de 1934. Au total, 227 écoles sont habilitées à délivrer ce titre. Publiques, privées ou consulaires, les écoles d'ingénieurs dépendent d'organismes de tutelle différents : la majorité d'entre elles dépendent du ministère de l'Éducation nationale ; viennent ensuite le ministère de l'Agriculture et le ministère de la Défense. Malgré des modes de recrutement variés, on peut trouver quelques dénominateurs communs : la sélection à l'entrée, les liens étroits avec l'industrie et le souci des débouchés, la pluridisciplinarité. Les écoles d'ingénieurs, même si elles sont « chimistes » ou « textiles », ne se cantonnent pas à une matière.

Mafias ou familles, les associations d'anciens élèves constituent un capital de relations et un réseau de solidarité à ne pas négliger. La plus importante est celle des Gadz'arts, entendez par là les anciens de l'École nationale supérieure des arts et métiers (ENSAM), qui compte 24 000 membres et dispose d'un budget de 26 millions de francs. Enfin, les filles gagnent du terrain. Les derniers bastions misogynes, établissements ou secteurs industriels, tendent à disparaître petit à petit.

## LE TITRE D'INGÉNIEUR

Le titre d'ingénieur diplômé, contrairement à celui d'ingénieur, est protégé par la Commission des titres d'ingénieurs. Composée de représentants des écoles, des employeurs, des associations d'ingénieurs et de personnalités scientifiques, cette commission est consultée pour l'habilitation des écoles publiques et elle est décisionnaire pour l'habilitation des écoles privées. En 1993, les écoles d'ingénieurs habilitées ont décerné 18 500 diplômes. L'habilitation est une garantie de sérieux qui permet la poursuite d'études, notamment la reconnaissance européenne, l'inscription à l'Association pour l'emploi des cadres (APEC), qui aide les jeunes dans la recherche de leur premier emploi, et le choix de certaines formes de service national.

Les écoles privées qui sollicitent l'habilitation sont peu nombreuses. La procédure d'habilitation est longue. Elle dure généralement plusieurs années. Les cinq principaux critères sont la qualité du recrutement des élèves, la qualité et la réputation des enseignants, l'équipement des laboratoires, le placement des élèves à la sortie et la structure des conseils de perfectionnement. Le passage devant la commission est loin d'être une simple formalité et certaines écoles ont dû renouveler leur demande plusieurs fois avant d'obtenir satisfaction.

La Commission des titres joue un rôle d'inspection et de contrôle bien réel. Il est même arrivé, à une seule reprise certes, qu'elle retire une habilitation. L'école concernée a gagné son recours en Conseil d'État, mais entre-temps, elle avait cessé ses activités. Parmi les écoles habilitées à délivrer le titre d'ingénieur diplômé, 47 recrutent au niveau bac, six au niveau maths sup, 152 au niveau bac+2, les autres étant des écoles de spécialisation ou de formation continue (ces chiffres ne comprennent pas les formations d'ingénieurs).

## DES INGÉNIEURS EUROPÉENS

La Fédération européenne d'associations nationales d'ingénieurs (FEANI) a décerné pour la première fois en octobre 1987 le titre d'ingénieur européen. Aujourd'hui, plus de 16 000 ingénieurs environ ont reçu ce titre, dont 1 700 pour la France. Une prouesse remarquable quand on connaît les problèmes que peut générer l'harmonisation des niveaux de formation dans les pays européens !

L'accord s'appuie sur une équivalence professionnelle et non sur une équivalence de diplôme : le titre d'ingénieur européen est délivré après sept années d'études et de pratique professionnelle. En France ces sept ans correspondent à cinq ans de formation initiale en école d'ingénieurs (ou trois ans après une prépa) plus deux ans de pratique professionnelle.

Comparativement aux autres pays européens, la formation des ingénieurs dans l'Hexagone fait la part belle aux connaissances théoriques, au détriment de l'expérimentation et de la pratique professionnelle. Le titre d'ingénieur européen est décerné par l'association membre de la FEANI dans chaque pays. En France, c'est le Conseil national des ingénieurs et scientifiques de France (CNISF) qui en a la charge. Ce certificat, mis en place dans 22 pays européens, valide la formation d'ingénieur suivie de deux ans d'expérience. Il garantit la reconnaissance du diplôme d'ingénieur, quel que soit le lieu de formation, dans tous les pays membres de la FEANI. Un ingénieur français peut ainsi exercer directement en Pologne sans avoir à subir de tests supplémentaires. La FEANI est reconnue par de nombreuses instances, dont la Commission européenne, et jouit d'un statut consultatif auprès de l'UNESCO et du Conseil de l'Europe.

De plus, la FEANI a créé en 1970 un registre européen des professions techniques supérieures, qui établit des équivalences entre les pays. La FEANI délivre aux ingénieurs le titre d'ingénieur européen « EUR ING ». Sur ce document figurent des éléments de leur curriculum vitae et la catégorie de leur diplôme. Sans être officiel, il est généralement reconnu par les entreprises étrangères.

• Fédération européenne d'associations nationales d'ingénieurs (FEANI), 7, rue Édouard-Jacques, 75014 Paris, tél. (1) 43.35.18.33.
• Conseil national des ingénieurs et scientifiques de France (CNISF), 7, rue Lamennais, 75008 Paris, tél. (1) 44.13.66.88.

## UNE DEVISE : LA SÉLECTION

Le prestige du concours auréole l'ensemble des écoles d'ingénieurs, y compris celles qui utilisent un autre mode de recrutement. Mais, d'une façon ou d'une autre, on n'échappe pas à la sélection.

Les écoles en cinq ans recrutent les meilleurs bacheliers et en éliminent encore un certain nombre au cours de la scolarité, surtout pendant les deux premières années. Les écoles en trois ans sélectionnent sur concours des élèves qui ont déjà traversé un certain nombre d'obstacles. Ils ont d'abord été triés sur le volet pour entrer en prépa. Ils ont dû ensuite passer le cap de la première année de prépa, car elle ne se redouble pas. 20 % des élèves échouent à ce niveau. Seulement 40 % de ceux qui entrent en maths spé (deuxième année de prépa) intègrent une école l'année suivante. De gré (ils ne sont pas admis à l'école de leurs rêves) ou de force (ils ont échoué partout), 25 % redoublent maths spé, ce qui n'est pas une partie de plaisir. Mais les redoublants – les cinq demis – multiplient leurs chances de réussite.

Conséquence logique du système des concours, on n'entre pas toujours dans l'école de son choix. Le jeu des désistements est long et l'on ne connaît son lieu d'admission que fort tard, la veille de la rentrée parfois. Le moins que l'on puisse dire est que le système français ne favorise pas les vocations. Mécanique ou céramique, électronique ou physique... le rang au concours est maître du jeu. À cela s'ajoute la dictature de la cote. Entre deux écoles, les taupins (élèves de maths spé) choisissent celle qui est considérée comme la meilleure, même si la matière dominante ne correspond pas à leurs goûts. Après ce parcours du combattant, la réussite est quasiment assurée.

Second cas de figure : les écoles qui recrutent après le bac, dans lesquelles la scolarité exige, le plus souvent, cinq ans. Seuls les meilleurs bacheliers sont retenus. La sélection se poursuit pendant les études, notamment durant les deux premières années (souvent considérées comme un premier cycle ou un cycle préparatoire). Environ 70 % des élèves admis dans une école d'ingénieurs en cinq ans sortent diplômés. Pour la Conférence des grandes écoles (CGE), « la sélection à l'entrée garantit un niveau homogène et donc une excellente rentabilité de l'enseignement ».

## LA PLURIDISCIPLINARITÉ

Tous les élèves reçoivent une formation scientifique de base de haut niveau, un « fonds commun », qui les rend capables de dominer les problèmes, de manier l'abstraction et, plus tard, d'actualiser leurs connaissances. Les mathématiques, la physique, l'anglais, l'expression orale et écrite... figurent à tous les programmes, même si les doses varient. Même des écoles spécialisées en chimie ou en mécanique ne se cantonnent pas à ces disciplines. Grâce à cette polyvalence, les ingénieurs ont la possibilité de choisir des secteurs d'activité variés et de se reconvertir facilement quand un secteur manque de cerveaux. Les différents établissements ont tissé des liens étroits avec les entreprises. Des professionnels interviennent dans l'enseignement. Les élèves, par les stages et les projets, découvrent peu à peu le fonctionnement des entreprises. Les programmes évoluent en fonction des demandes de l'industrie et de nouvelles options sont créées.

À côté des disciplines scientifiques, les étudiants suivent également des cours de gestion des ressources humaines. Ce phénomène nouveau gagne peu à peu toutes les écoles.

## PETITES ÉCOLES... GRANDES ASSOCIATIONS

Les écoles sont généralement des établissements de petite taille. La grande majorité compte moins de 500 élèves. Sept établissements accueillent plus de 1 000 élèves ; ce sont

Centrale, Supélec, l'ESTP, l'INSA de Toulouse, l'UTC, l'ENSAM et enfin le plus grand, l'INSA de Lyon (3 500 élèves). Chaque école constitue un monde à part. Les plus anciennes possèdent leurs rites, leur langage.

Les anciens élèves veillent jalousement au maintien des traditions. Être diplômé d'une école, c'est appartenir à une famille. Les associations d'anciens élèves représentent une force capitale. On parle parfois de « mafias » ou de « clans » et il est vrai que les anciens réservent souvent les stages ou les emplois les plus intéressants à leur tribu. Remarquablement bien organisées, ces associations assurent la liaison entre leurs membres en éditant des annuaires et des revues. La puissance d'une association dépend de l'âge de l'école et de l'importance de ses promotions. 10 000 membres en activité dans les entreprises forment un réseau, un capital de relations qui n'est pas sans influence sur la cote de l'école.

## LES FILLES GAGNENT DU TERRAIN

Le métier d'ingénieur s'est longtemps conjugué au masculin. Il a fallu plusieurs dizaines d'années pour que les citadelles tombent. Les écoles de chimie furent les premières, dès 1908, à admettre des filles. En 1972, année où Polytechnique a admis pour la première fois des candidates, une femme fut reçue major.

Les secteurs qui les accueillent le plus volontiers sont l'ingénierie et les sociétés de services (18 % des femmes ingénieurs), l'électricité-électronique (16 %), l'enseignement et la recherche (14 %). Elles ont cependant réussi à s'imposer dans des secteurs réputés plus misogynes tels que le génie civil ou la production. Les plates-formes pétrolières leur sont maintenant accessibles. En France, les femmes représentent près de 8 % de l'effectif des ingénieurs en activité. Mais dans les écoles, elles représentent 20 % des élèves.

## LES NOUVEAUX INGÉNIEURS

Pour répondre aux besoins des entreprises confrontées depuis plusieurs années à la pénurie d'ingénieurs de terrain, de nouvelles filières ont vu le jour en 1990. Elles reposent sur le principe de l'alternance entre l'école et l'entreprise. La Commission des titres d'ingénieurs a déjà habilité 56 filières, dont 10 en formation initiale recrutant au bac. Ces filières, dites « Decomps » (du nom de l'auteur du projet) ou NFI (nouvelles formations d'ingénieurs), concernent les bacheliers en formation initiale et les techniciens supérieurs en formation continue. Ils suivent les mêmes enseignements pour devenir ingénieurs, les premiers en cinq ans avec des séjours en entreprise, les seconds en un ou deux ans en alternance entre leur usine et l'école. Pendant leurs cinq ans de formation, les bacheliers recrutés par l'École nouvelle d'ingénieurs en communication (ENIC) de Lille passeront deux ans en entreprise. Les deux premières années, l'enseignement est dispensé en alternance : dix semaines à l'école, dix semaines de stage. La première promotion compte 60 % de bacheliers S, spécialité mathématiques.

Ouverte aux bacheliers S (toutes spécialités confondues), la filière d'ingénieurs en optronique de l'université de Paris 11-Orsay prévoit six stages : deux stages d'ouvrier en première année, un stage de technicien d'un trimestre en deuxième année, un stage de technicien supérieur en troisième année, puis deux stages d'ingénieur de six mois en quatrième et en cinquième année. Vous trouverez la liste complète des formations « Decomps » dans les fiches, à la fin du livre. Vous pouvez aussi consulter le Minitel : 36.16, code ADNFI.

## INGÉNIEUR PAR L'APPRENTISSAGE

Une autre filière a été mise en place récemment : l'apprentissage. Cette filière repose sur le même principe d'alternance que la filière Decomps, mais ici, l'élève ingénieur et son entreprise d'accueil signent un contrat d'apprentissage de trois ans. L'entreprise rémunère l'apprenti (entre 2 850 F et 4 820 F par mois selon l'âge et l'année d'études) et peut, à l'issue du contrat, lui proposer un poste d'ingénieur. S'adressant aux titulaires du baccalauréat et aux bac+2 sans expérience (BTS, DUT ou équivalent), cette filière ouvre de nouvelles portes à ceux qui auraient eu des difficultés à entrer dans une école d'ingénieurs classique et qui, par ailleurs, souhaitent suivre une formation plus pragmatique.

## ■ Une formation rémunérée

Pour les bacheliers, la durée des études est de cinq ans. Le Conservatoire national des arts et métiers (CNAM) accueille les titulaires d'un bac scientifique ou technique, tandis que l'Institut de formation d'ingénieurs en techniques électroniques de Paris (IFITEP) est réservé aux bacheliers STI, spécialités génie électronique et génie électrotechnique. Créé par l'université Paris 6 en liaison avec la chambre de commerce de Versailles, cet établissement présente l'avantage de délivrer un diplôme (d'université) à l'issue des deux premières années.

Émanation du Centre d'études supérieures industrielles (CESI), le Centre de formation d'ingénieurs par alternance (CEFIPA), à Gentilly, propose aux bac+2 une formation sur trois ans, qui se déroule pour moitié dans l'entreprise et pour moitié à l'école. Le rythme d'alternance est rapide pendant la première année (une semaine au CEFIPA, une semaine de travail en entreprise). Dès la deuxième année, les périodes de stage durent un trimestre. Le suivi de l'élève ingénieur est assuré par un tuteur. Deux langues, dont l'anglais, sont au programme, ainsi qu'une formation économique à la réalité internationale. Pendant la dernière année, les étudiants doivent passer au moins un trimestre dans une entreprise d'un autre pays européen.

La sélection, parce qu'elle vise aussi à rassurer les entreprises, est rigoureuse : un tri sur dossier, des épreuves écrites (maths, physique, expression française, anglais), des tests psychotechniques, une analyse graphologique et un entretien individuel avec un psychologue du travail. Parmi les admis, on trouve une majorité de DUT et de BTS – car ils sont immédiatement opérationnels pour une entreprise –, mais aussi quelques DEUG SSM (DEUG A) qui ont su montrer leur aptitude à exercer le métier d'ingénieur. Un conseil : commencez le plus tôt possible à chercher votre entreprise d'accueil, avant même de passer les épreuves, le CEFIPA y sera sensible. Des réunions d'information sont organisées pour aider à repérer et à convaincre les entreprises. Sur 61 élèves entrés en 1992, 28 avaient trouvé eux-mêmes leur entreprise d'accueil.

L'Institut des techniques d'ingénieur de l'industrie de Bourgogne accueille des titulaires d'un BTS ou d'un DUT orienté vers la mécanique. Fruit d'une collaboration entre l'université de Bourgogne et des chambres syndicales de la métallurgie, cette formation prévoit un an d'enseignement et deux ans en entreprise. Vous trouverez la liste des formations par l'apprentissage dans les fiches, à la fin de ce livre.

## POUR ALLER PLUS LOIN

Le Comité d'études sur les formations d'ingénieurs (CEFI) a publié un guide recensant toutes les écoles d'ingénieurs : *Le Petit bouchon,* 210 F.
CEFI, 7, rue Lamennais, 75008 Paris, tél. (1) 42.89.15.73.

# POUR QUELS MÉTIERS ?

Les jeunes ingénieurs, même s'ils sont moins touchés que d'autres catégories, n'échappent pas à la crise. Leur recherche d'emploi s'allonge et ils sont parfois obligés d'accepter des contrats à durée déterminée ; beaucoup en profitent pour prolonger leurs études. Néanmoins, le diplôme d'ingénieur reste un passeport pour accéder à des métiers diversifiés. L'ingénieur peut, plus que tout autre cadre, saisir l'occasion d'occuper des fonctions variées et jouit d'un prestige social indéniable. Deux enquêtes permettent d'en savoir un peu plus. L'une, réalisée par le cabinet de recrutement Alexandre-Tic, est consacrée aux ingénieurs âgés de 30 ans et décrit leur premier emploi. L'autre, effectuée tous les trois ans par le Conseil national des ingénieurs et des scientifiques de France (CNISF), constitue la bible de la profession. Elle brosse le portrait des ingénieurs en activité.

On imagine l'ingénieur dirigeant un chantier ou concevant un ordinateur, mais certains travaillent dans les banques ou au sein de sociétés de conseil. Tous les secteurs de l'économie recrutent des ingénieurs, y compris ceux qui traversent des difficultés. Les débutants commencent bien souvent leur carrière à un poste technique, mais ils peuvent accéder à toutes les fonctions.

## LE PREMIER EMPLOI

Les débuts de carrière les plus classiques se font au sein des grandes entreprises, dans des fonctions techniques (études, production, maintenance). Plus de 80 % des ingénieurs de moins de 30 ans occupent des postes d'ingénieur, chercheur ou consultant, notamment dans des activités d'études, de recherche et développement ou d'informatique. La fonction « études » représente une transition sans douleur entre l'école et la vie active. Mais, ce ne sont là que des généralités, car en fait, tout est possible... jusqu'aux banques et aux assurances qui, elles aussi, recrutent des ingénieurs.

Andersen Consulting (cabinet de conseil en management et conseil en informatique) recrute chaque année une trentaine d'ingénieurs débutants pour leur confier des postes d'ingénieurs conseil en organisation. Après une formation, ils participent à des missions, accompagnant des ingénieurs plus expérimentés chez des clients. À la Société générale, qui propose aussi des postes d'informaticien, les ingénieurs commencent par une formation de cinq mois qui se déroule dans une grande agence. Tous les métiers de la banque leur sont ensuite accessibles ; ils choisissent entre une fonction commerciale en agence ou un poste dans les services centraux (finance internationale, gestion de patrimoines, personnel, marketing...).

La majorité des postes d'IBM concernent les ingénieurs commerciaux et les ingénieurs technico-commerciaux. Les premiers, doués d'esprit de synthèse, appréhendent rapidement des situations qu'ils traduisent en termes de besoins et de systèmes. Les seconds entrent plus dans le détail, ils assistent le client dans les tâches préalables à l'arrivée de l'ordinateur, ils assurent souvent un rôle de formation. Ainsi, 19 % des diplômés des Ponts et Chaussées se sont dirigés vers le conseil et 14 % vers la banque. Et près d'un quart des diplômés des Mines de Paris travaillent dans le conseil.

## DES MÉTIERS VARIÉS

L'enquête du cabinet Alexandre-Tic permet de connaître les fonctions exercées par les jeunes ingénieurs. Tous les secteurs de l'économie « consomment » de la matière grise, y compris ceux qui procèdent par ailleurs à des licenciements.

**Les fonctions occupées par les ingénieurs**

| | |
|---|---|
| **Technique, scientifique** (recherche, maintenance, informatique) | **53 %** |
| **Administration** (gestion des ressources humaines, direction, finances) | **24 %** |
| **Commercial** (distribution, ventes, approvisionnements) | **13 %** |
| **Autres** (dont l'enseignement : 3 %) | **10 %** |

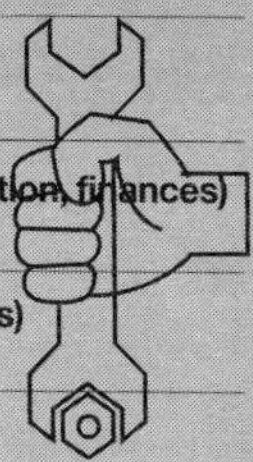

*Source : CNISF, 1994.*

Le niveau élevé et la polyvalence des ingénieurs leur permettent de mener leur carrière selon leur gré et d'envisager toutes les solutions de rechange. Quand l'informatique a manqué de cerveaux, elle a permis à de jeunes ingénieurs chimistes, mécaniciens ou agronomes de se reconvertir. Malgré des propositions en agronomie, Christian a préféré suivre une formation délivrée par une société de services et d'ingénierie en informatique (SSII). Le mot « reconversion » lui paraît d'ailleurs impropre. « Être ingénieur, c'est envisager des problèmes dans leur ensemble et dans leurs détails. Pendant mes stages d'agronomie, j'ai réalisé des plans de drainage. Il fallait prendre en compte leurs conséquences sur la production, établir un budget et un calendrier. Aujourd'hui, je suis chef de projet, détaché par mon entreprise dans une banque. Je fais le même travail. »

## PORTRAIT DE FAMILLE

Tous les trois ans, une enquête du CNISF dresse le portrait de la population des ingénieurs diplômés. La dernière enquête a été réalisée en 1993 à partir de 30 500 questionnaires. L'ingénieur français est un homme (90 %) tranquille, il est marié (76 %) et a en moyenne 2,5 enfants, ce qui est supérieur à la moyenne nationale. À la date de l'enquête, la plupart des ingénieurs (37 %) n'ont eu qu'un employeur et 26 % en ont connu deux. À une très forte majorité (82 %), ils se déclarent plutôt satisfaits de leur situation professionnelle.

### ■ Des fonctions diversifiées

Les ingénieurs ne sont pas uniquement cantonnés dans des fonctions techniques où leur savoir-faire est indispensable. Plus souvent que d'autres cadres, ils ont l'occasion de s'échapper vers d'autres fonctions, qui se répartissent comme le montre l'encadré de la page précédente.

On les trouve ainsi dans la finance ou les ressources humaines. Une partie d'entre eux, 15 %, exerce « des activités multiples ». Dans les petites entreprises, les ingénieurs réalisent des études tout en ayant l'occasion de recruter ou de régler des problèmes financiers.

Plus de 50 % des ingénieurs occupent des postes de responsabilité. Parmi une population de 100 ingénieurs, on compte un travailleur indépendant, cinq chefs d'entreprise, cinq directeurs généraux, 17 directeurs, cinq secrétaires généraux ou ingénieurs en chef, 25 chefs de service, 39 salariés, deux professeurs, un « autre ».

## DES SALAIRES ÉLÈVES À L'EMBAUCHE

Dans un marché de l'emploi morose pour les jeunes diplômés, les formations d'ingénieurs restent appréciées. Cela se manifeste (notamment) par les salaires qui sont proposés à l'embauche : les jeunes ingénieurs apparaissent au top des rémunérations offertes à l'ensemble des jeunes diplômés, devançant les diplômés des écoles de commerce.

Selon les écoles et les secteurs, le salaire brut à l'embauche varie de 165 000 F à 205 000 F annuels pour les ingénieurs débutants.

**PRATIQUE**

## Le salaire des jeunes diplômés

Les ingénieurs résistent mieux que les autres jeunes diplômés à la crise, mais ils subissent – et ce pour la première fois depuis 1986 – une baisse de leur salaire de départ de 6 % par rapport à 1993. Tiré de l'enquête du *Guide des entreprises qui recrutent 1994* publié par « l'Etudiant », ce tableau vous donne les salaires maximum et minimum en KF pratiqués dans six secteurs d'activité. Les écoles d'ingénieurs sont scindées en deux : les A et les B. La catégorie A regroupe les écoles les plus cotées telles que Polytechnique, Centrale, Arts et Métiers, les Mines, les Ponts et Chaussées, Telecom, Supélec, Sup'aéro, Agro, l'ENSTA. Toutes les autres écoles figurent au sein de la catégorie B.

| | Catégorie A | Catégorie B |
|---|---|---|
| Agroalimentaire | 189-207 | 183-199 |
| Banque | 166-190 | 157-183 |
| Chimie | 176-198 | 169-191 |
| Électronique | 180-199 | 171-187 |
| Services | 182-193 | 171-181 |
| SSII | 179-198 | 161-177 |

Les polytechniciens restent les mieux payés, ainsi que les élèves des Mines (Paris), des Ponts et de Supélec. La plupart des ingénieurs peuvent réaliser une plus-value en complétant leur cursus par une formation en gestion (salaire médian : 202 700 F) ou par un *Master of Business Administration* (*MBA*, 199 000 F).

De plus, selon l'enquête réalisée par le CNISF, les hommes ingénieurs sont toujours mieux payés que leurs collègues féminines.

L'écart de salaire entre hommes et femmes est de l'ordre de 4 % et ce, à conditions socio-économiques identiques (âge, position hiérarchique, secteur d'activité, etc.).

## ■ Une grille pour les débutants

Sachez qu'à l'embauche, votre marge de négociation est faible, la plupart des entreprises appliquant des grilles de salaires auxquelles il est difficile d'échapper. Ces grilles varient d'une entreprise à une autre, mais elles sont appliquées à la lettre au sein d'une même entreprise. À la Snecma, par exemple, les formations scientifiques sont classées en quatre groupes :

• premier groupe : X, Centrale Paris, Mines de Paris ;

• deuxième groupe : ENSAM, Supélec, Ponts et Chaussée, Telecom Paris, Centrale Lyon, INPG, Mines de province et ENSI option mécanique ;

• troisième groupe : autres ENSI, INSA, EFREI, EPF, ESTACA, les écoles nationales d'ingénieurs et les écoles d'ingénieurs universitaires ;

• quatrième groupe : les maîtrises et les maîtrises des sciences et techniques (MST).

## ■ Les différences s'estompent si vous faites vos preuves

En fait, il vous faudra patienter quelques mois pour voir votre salaire augmenter. Une enquête de 1993, réalisée par le mensuel *l'Etudiant,* permet de mesurer l'évolution du salaire brut d'embauche après une année passée dans l'entreprise. Certaines écoles connaissent des progressions fulgurantes : ainsi, la rémunération des ingénieurs issus de l'une des cinq écoles nationales d'ingénieurs (ENI) passe de 166 100 F à 187 000 F annuels.

Les secteurs qui offrent les meilleurs salaires minimaux aux ingénieurs débutants sont l'agroalimentaire, les services, puis l'électronique.

## POUR ALLER PLUS LOIN


- CNSIF, « Onzième enquête socio-économique sur la situation des ingénieurs diplômés », janvier 1994, 7, rue Lamennais, 75008 Paris, tél. (1) 44.13.66.88.
- *L'Expansion,* 7 avril 1994 : « Spécial premier emploi ».
- *Le Guide des entreprises qui recrutent,* l'Etudiant, mai 1994.
- *L'Usine nouvelle,* 6 octobre 1994 : « Spécial salaires ».

PARTIE 2

# CHOISIR UNE ÉCOLE

Choisir une école, c'est d'abord la repérer parmi la multitude d'établissements habilités à délivrer le titre d'ingénieur à l'issue de trois ou cinq ans d'études. Cette partie est un effort de classement, en fonction de critères qui peuvent déterminer ce choix. Le niveau d'entrée et le mode de recrutement principal permettent de dégager des familles. Le clivage le plus important sépare celles qui recrutent après le bac de celles qui recrutent après deux ans de préparation. Le niveau exigé à l'entrée indique aussi le type d'élèves que souhaitent accueillir les écoles. Les unes recherchent les meilleurs taupins. D'autres admettent également les titulaires d'un DEUG, d'un DUT ou d'un BTS.

Toutes les écoles ne sont pas « grandes », mais la cote n'est pas immuable. La recette contient en fait quatre ingrédients à doser suivant sa personnalité : le niveau d'entrée principal, la spécialité, la recherche et la cote.

## SOMMAIRE

# LE NIVEAU D'ADMISSION PRINCIPAL

Pour choisir une école, la première question est celle du niveau d'entrée : école en trois ans ou en cinq ans ? D'un côté, le « bagne » des classes prépas, le stress des concours et l'accès aux plus grandes écoles. Les prépas donnent une solide formation de base, elles conduisent à des écoles dont le niveau théorique est plus élevé. Mais entrer en prépa, c'est se lancer dans une aventure dont on ne connaît pas l'issue. À cette loterie on peut aussi perdre et intégrer une école en trois ans, moins cotée qu'une école en cinq ans.

De l'autre côté, dans les écoles en cinq ans, on est immédiatement dans le bain, avec trois chances sur quatre de réussite. La vie y est plus équilibrée et certains établissements ont fait de belles percées. Cela dit, une sélection, qui n'est pas une formalité, s'opère souvent à la fin des deux premières années… On peut distinguer dans ces écoles celles où l'on choisit d'emblée son orientation (écoles de la FESIC, ESIEE…) et celles où un temps de réflexion précède l'orientation (INSA, UTC…).

Le classement le plus courant prend en compte le niveau d'admission (bac, bac+1 ou bac+2) et le mode de recrutement (concours, dossier ou entretien). En fonction du diplôme, il y a souvent cinq ou six façons différentes d'entrer dans une même école. Nous ne retenons ici que le classement le plus courant : le mode d'admission principal. Chaque école a défini le type d'étudiants qu'elle souhaite accueillir pour leur donner un certain profil. Les unes jouent l'excellence scolaire, en recrutant les meilleurs taupins (les élèves de maths spé). C'est le cas de Polytechnique, bien sûr, et des trois écoles de chimie P' qui se distinguent des autres en recrutant sur les programmes de maths spé P'.

## D'où viennent les élèves admis en formation d'ingénieur ?

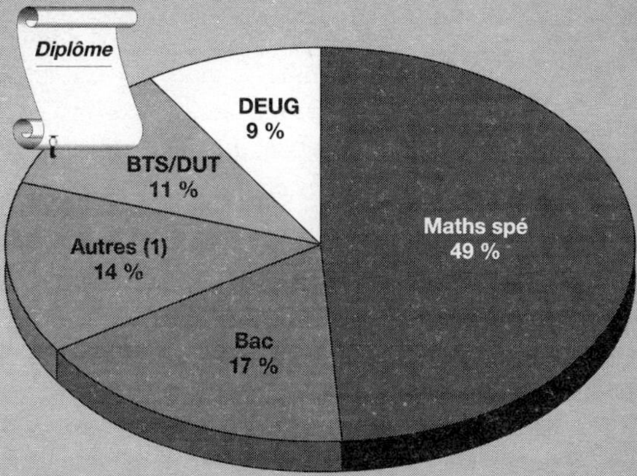


(1) dont 6 % de licence et maîtrise

Origine des élèves admis dans les écoles d'ingénieurs recrutant principalement après prépa.

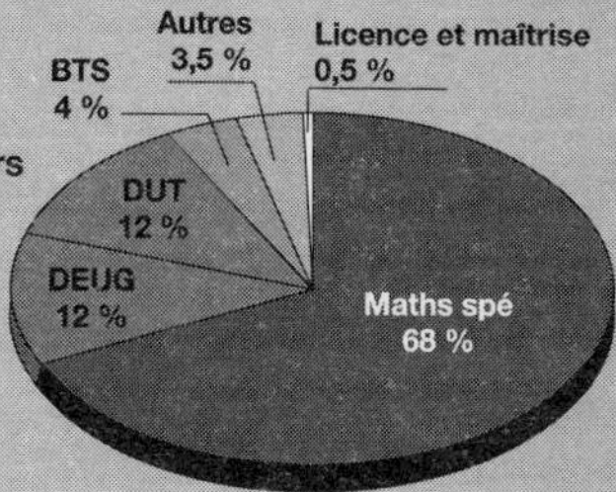


Origine des élèves admis en première année dans les écoles universitaires d'ingénieurs.

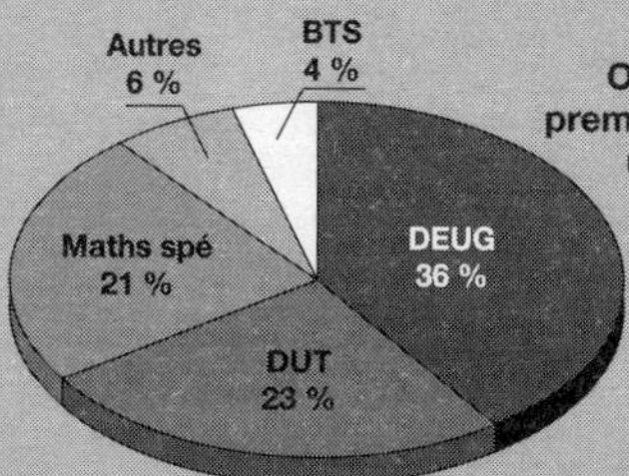


*Source : ministère de l'Education nationale, DEP, 1993-1994.*

Les écoles des arts et métiers accordent une grande importance à l'épreuve de technologie. Elle garantit que les élèves seront à la fois des réalisateurs et des concepteurs. Les universités et Supélec, par exemple, préfèrent brasser des élèves d'origines diverses. Ainsi, à l'Université de technologie de Compiègne (UTC), il est difficile de déterminer le mode de recrutement principal : on y combine résultats scolaires et personnalité, les promotions d'ingénieurs regroupent des élèves recrutés après le bac et des étudiants admis directement en « deuxième cycle » d'études… Les détails des admissions sont examinés dans les tableaux de la quatrième partie du livre : « Entrer dans une école ».

Théoriquement, il faut cinq ans pour former un ingénieur. Ces cinq années peuvent se dérouler à l'intérieur du même établissement ou se décomposer en deux années de préparation et trois années d'école. Entre la théorie et la réalité, il y a souvent une année supplémentaire car 25 % des élèves redoublent leur deuxième année de prépa. C'est ici qu'intervient le premier choix : l'école immédiatement après le bac (cinq ans) ou deux ans de préparation (en classe préparatoire ou en fac) et trois ans à l'école.

## ■ Une école en trois ans ou en cinq ?

« Il est très difficile de conseiller un jeune », reconnaît un chargé d'études au Comité d'études sur les formations d'ingénieurs (CEFI). Les écoles qui recrutent à l'issue des classes préparatoires ont la faveur des industriels. « Mais les classes préparatoires sont dangereuses. Si un jeune ne se sent pas très motivé pour faire deux ans en prépa, mieux vaut qu'il essaye d'entrer dans une bonne école en cinq ans. En électronique, par exemple, certaines écoles telles que l'ISEN, l'ISEP et l'ESIEE sont très bien cotées. Ceux qui ont plus d'ambition se lanceront dans les classes préparatoires. Une fois franchi le cap de la première année, ils entreront dans une école. Statistiquement, tous ceux qui entrent en deuxième année de prépa intègrent une école un ou deux ans plus tard. Mais ce ne sera pas forcément Supélec, Telecom ou un autre établissement prestigieux. Ce sera peut-être une école moins cotée que les meilleures écoles qui dispensent une formation en cinq ans. »

## LES CLASSES PRÉPARATOIRES

Vous avez le choix entre plusieurs types de prépas en fonction de la série du baccalauréat et de l'école visée. Dans tous les cas, la prépa est en deux ans. La règle du jeu est la suivante : on ne redouble pas maths sup (la première année), sauf pour raisons de santé. Les élèves qui redoublent maths spé, la deuxième année, sont appelés cinq demis, par opposition aux trois demis, qui présentent les concours pour la première fois.

### ■ La réforme des prépas

Après la réforme des bacs, c'est au tour des classes préparatoires. Cette réforme touche à la fois les classes préparatoires générales destinées aux bacheliers scientifiques et les prépas techniques accessibles aux autres séries de baccalauréat. Mais quelle que soit la filière choisie, les modifications interviennent essentiellement sur deux points : les appellations des prépas et l'organisation du cursus.

À partir de la rentrée 1995, les sigles utilisés pour définir chaque filière sont modifiés. Adieu les M, M', P, P', maths sup bio et autres TA, TB... Pour la voie générale, les codes désormais utilisés seront : MP (mathématiques-physique), PC (physique-chimie), PT (physique et technologie) et PSI (physique-sciences de l'ingénieur). La filière PSI ne sera accessible qu'à partir du deuxième trimestre de maths sup. La distinction opérée entre les filières à l'aide d'une apostrophe en deuxième année sera supprimée au profit... d'une étoile. Celles dotées d'une étoile ne regrouperont que le gratin des élèves, comme jusqu'à présent les classes de M' et P'.

Les maths sup et maths spé bio qui conduisent aux écoles d'ingénieurs agronomes sont rebaptisées BCPT (biologie, chimie, physique, sciences de la Terre). Les prépas TA, ouvertes aux bacheliers STI, deviennent TSI (technologie et sciences industrielles). Les maths sup et spé TPC (technologie, physique et chimie) correspondent aux anciennes TB. Elles sont accessibles aux bacheliers STL.

Enfin, les prépas T', réservées aux bacheliers S spécialité technologie industrielle (ex-E), sont réintitulées mathématiques-techniques (MT). Le programme des T' est cependant maintenu tel quel à titre transitoire jusqu'en 1997, avant évaluation. De même, les classes de TB', qui permettent aux bacheliers STL de préparer les écoles d'agronomie, ne sont pas concernées par la réforme et sont maintenues à titre transitoire jusqu'en 1997.

L'objectif de cette réforme est de casser la suprématie des maths (et en particulier de la série M') et de donner des chances égales à tous les préparationnaires. Le but sera-t-il atteint ? La réponse ne sera apportée qu'à la rentrée 1997. À ce moment-là, les écoles d'ingénieurs choisiront leurs élèves parmi les préparationnaires, nouvelle version.

Cette réforme ne sera une réussite que si les écoles jouent le jeu. D'après leurs déclarations d'intention, les élèves devraient être recrutés dans toutes les filières à raison de 30 % de MP, 30 % de PC, 23 % de PSI et 17 % de PT. Même la prestigieuse école Polytechnique s'est engagée à offrir 10 places aux PSI/PSI*, 10 places aux PT/PT*, contre 300 places attribuées aux PC/PC* et aux MP/MP*.

Malgré les bonnes intentions des uns (le ministère) et des autres (les écoles d'ingénieurs), la filière MP, qui plus est la MP*, risque de devenir la voie d'excellence. On retrouverait ainsi la prédominance des anciennes M' et P' mais sous une nouvelle appellation, étoilée.

# LE RECRUTEMENT DES ÉCOLES D'INGÉNIEURS

**Ce tableau présente les écoles selon leur mode de recrutement principal, ce qui n'implique pas qu'il soit le seul valable.**

## Recrutement principal à bac

### ENI (écoles nationales d'ingénieurs, 5 ans)

- **Bac S, STI**
- **Concours commun ou dossier**

ENIBe mécanique, productique Belfort
ENIBr électronique, informatique Brest
ENIM mécanique, électronique, informatique Metz
ENISE mécanique, génie civil Saint-Étienne
ENIT mécanique Tarbes

### INSA (instituts nationaux des sciences appliquées, 5 ans)

- **Bac S**
- **Recrutement commun sur dossier**

INSA Lyon
INSA Rennes
INSA Rouen
INSA Toulouse

### Écoles de la FESIC (5 ans)

- **Bac S**
- **Recrutement commun**

ECAM arts et métiers Lyon
ESA agriculture Angers
ESAP agriculture Toulouse
ESCOM chimie Cergy-Pontoise
ESEO électronique Angers
ESTIT textile Lille
HEI diverses spécialités Lille
ICAM arts et métiers Lille, Nantes, Toulouse
ICPI chimie Lyon (CPE Lyon)
ISA agriculture Lille
ISAB agriculture Cergy-Pontoise
ISARA agriculture Lyon
ISEG électronique Brest
ISEM électronique Toulon
ISEN électronique Lille
ISEP électronique Paris

### Universités

- **Bac S, STI**
- **Dossier, entretien**

EEIGM matériaux Nancy
EIVL génie industriel Blois
ENSGSI génie industriel Nancy
ESINSA Nice, diverses spécialités
ESSTIN Nancy, diverses spécialités
IPSE informatique, mécanique Belfort
IST Paris 6
UTC Compiègne
UTT mécanique, génie industriel Troyes

### Cavaliers seuls (4 ou 5 ans)

- **Bac S, STI**
- **Dossier, entretien ou concours**

EBI (nh) biologie industrielle Cergy-Pontoise
EFREI électronique, informatique Paris
EIGSI Violet, systèmes industriels La Rochelle
EPF diverses spécialités Sceaux
EPITA (nh) informatique Paris
EPMI (nh) physique et mathématiques industrielles Cergy-Pontoise
ESI (nh) électronique, informatique Montreuil
ESIEA informatique, électronique Laval (nh), Paris
ESIEE électrotechnique, électronique Amiens (nh), Paris.
ESITPA agriculture Val-de-Rueil

*(nh) : non habilité par la Commission des titres d'ingénieurs.*

| Recrutement principal à bac *(suite)* | |
|---|---|
| **Cavaliers seuls (4 ou 5 ans) *suite*** | **NFI* (5 ans)** |
| ESME-SUDRIA mécanique, électricité Paris<br>ESTACA aéronautique, automobile Levallois-Perret<br>ESTP construction Cachan, Caen, Metz<br>IMA (nh) maths appliquées Angers<br>INSFA agriculture Rennes<br>INSIA (nh) informatique, robotique Paris<br>IPSA (nh) sciences appliquées Bagnolet<br>ISD (nh) design industriel, Aulnoy-lès-Valenciennes<br>ISE (nh) environnement Trappes<br>ISTOM (nh) technique d'outre-mer Cergy-Pontoise | • **Bac S, STI**<br>• **Dossier, entretien, tests**<br><br>CNAM électronique, informatique Paris<br>ENIC communication Villeneuve-d'Ascq<br>ETS-IPHC productique Aulnoy-les-Valenciennes<br>IFITEP électronique Paris<br>IG2I informatique industrielle Lens<br>ISAT mécanique Nevers<br>ISIV mécanique Valenciennes<br>IST mécanique, automatique Vendée<br>ISTN mécanique, automatique Lille<br>ITII BTP Champagne-Ardenne<br>NFI informatique, Orsay<br>NFIO optronique, Orsay |

| Recrutement principal à bac+1 | |
|---|---|
| • **Maths sup**<br>• **Concours**<br><br>EMAC Mines d'Albi Carmaux<br>ENSTIMA Mines d'Alès | ESP plasturgie Oyonnax<br>ESPEO électronique, optique Orléans<br>ENSTIMD Mines de Douai<br>ENSTIMN Mines de Nantes |

| Recrutement principal à bac+2 | |
|---|---|
| • **Maths spé M', P'**<br>• **Concours**<br><br>EP, Polytechnique Palaiseau<br><br>**Centrale, Supélec**<br><br>• **Maths spé M, P', TA**<br>• **Concours commun**<br><br>EC Lille (Centrale Lille)<br>ECL Centrale Lyon<br>ECN Centrale Nantes<br>ECP Centrale Paris<br>ESO Sup'optique Orsay<br>IIE informatique Évry<br>Supélec Paris, Metz, Rennes | **Mines, Ponts, Telecom...**<br><br>• **Maths spé M, P', TA**<br>• **Concours commun**<br><br>EMN Mines, Nancy<br>EMSE Mines Saint-Étienne<br>ENPC Ponts Paris<br>ENSAE Sup'aéro Toulouse<br>ENSMP Mines de Paris<br>ENST Bretagne Telecom<br>ENST Telecom Paris<br>ENSTA techniques avancées Paris |

**NFI : Nouvelles formations d'ingénieurs.*
*(nh) : non habilité par la Commission des titres d'ingénieurs.*

## Recrutement principal à bac+2 *(suite)*

### Écoles des concours Polytechniques physique

- **Maths spé M, M', P, P', TA**
- **Concours Polytechniques physique**

CESTI matériaux, mécanique Saint-Ouen, Toulon
CFE chimie, électronique Lyon
EFPG papeterie Grenoble
ENSEEG électrochimie Grenoble
ENSEEIHT électronique, informatique, hydraulique Toulouse
ENSEM électricité, mécanique Nancy
ENSERB électronique Bordeaux
ENSERG électronique Grenoble
ENSGTI chimie Pau
ENSHMG hydraulique, mécanique Grenoble
ENSICA aéronautique Toulouse
ENSIEG électricité Grenoble
ENSIGC génie chimique Toulouse
ENSIMAG maths appliquées, informatique Grenoble
ENSIMEV mécanique énergétique Valenciennes
ENSITM textile Mulhouse
ENSMA aérotechnique Poitiers
ENSMM mécanique, microtechnique Besançon
ENSPG physique Grenoble
ENSPM physique Marseille
ENSPS physique Strasbourg
ESM2 électronique Marseille
ISIMA électronique Aubière
ISMRA sciences de la matière et du rayonnement Caen

### Écoles des concours Polytechniques chimie

- **Maths spé P**
- **Concours Polytechniques chimie P**

EHICS Strasbourg
ENSCCF Clermont-Ferrand
ENSCL Lille
ENSCM Montpellier
ENSCMu Mulhouse
ENSCPB Bordeaux
ENSCR Rennes
ENSCT Toulouse
ENSSPICAM Marseille
ESCIL CPE Lyon

- **Concours Polytechniques chimie P', TB**

ENSCP Paris
ENSIC Nancy
ESPCI Paris

### Arts et métiers

- **Maths spé T et TA**
- **Concours commun**

ENSAIS arts et industries Strasbourg
ENSAM arts et métiers Paris
ENSCI céramique industrielle Limoges
ENSEA électronique Cergy

### ESTP

- **Maths spé M, M', P, P', TA**
- **Concours commun**

ESTP travaux publics, bâtiment, mécanique-électricité, topographie Paris

### Écoles d'État

- **Maths spé M, M', P', TA**
- **Concours commun**

ENSG sciences géographiques Saint-Mandé
ENTM travaux maritimes Vaulx-en-Velin
ENTPE travaux publics Vaulx-en-Velin

*NFI : Nouvelles formations d'ingénieurs.*
*(nh) : non habilité par la Commission des titres d'ingénieurs.*

## Recrutement principal à bac+2 *(suite)*

### ENITA (écoles nationales d'ingénieurs de travaux agricoles)

- **Maths spé bio, TD', TB', DEUG, DUT, BTS**
- **Concours commun**

ENESAD Dijon
ENITA Bordeaux, Clermont-Ferrand
ENITHP horticulture Angers
ENITIAA agroalimentaire Nantes

### Écoles d'agronomie

- **Maths spé bio, TD', TB'**
- **Concours commun ENSA-INA**

ENGREF eaux et forêts Nancy
ENSA.M agro Montpellier
ENSAIA agro Nancy
ENSAR agro Rennes
ENSAT agro Toulouse
ENSBANA génie alimentaire Dijon
ENSIA agroalimentaire Massy
INA agro Paris

### Universités

- **Maths spé, DEUG, DUT, BTS**
- **Dossier, entretien ou concours**

CUST Clermont-Ferrand
E3I informatique Tours
EIC Cherbourg
EIGIP génie informatique et productique Valenciennes
ENSG géologie Nancy
ENSGI génie industriel Grenoble
ENSTIB bois Épinal
ENSIL Limoges
ENSSAT électronique, optronique Lannion
EOPGS géophysique Strasbourg
ES2I informatique Marseille
ESBS biotechnologie Strasbourg
ESEM matériaux Orléans
ESGBMA biologie Marseille
ESIA Annecy
ESIAL informatique Nancy
ESIEC emballage Reims
ESIGEC environnement bâtiment Chambéry
ESIP génie civil, énergie Poitiers
ESMISAB microbiologie Brest
ESSAIM informatique Mulhouse
ESSI informatique Nice
EUDIL Lille
FIRST matériaux Dijon
FIUPSO Paris11-Orsay
IAAL agroalimentaire Lille
ICF télécommunications Marseille
IFSIC informatique Rennes
IGTT mécanique Troyes
IMAC communication Paris 2
Institut Galilée Paris 13
IRESTE électronique Nantes
ISIM Montpellier
ISITEM thermique, matériaux Nantes
ISITV Toulon
ISTAB Bordeaux
ISTASE physique, instruments, Saint-Étienne
ISTG géotechnique, matériaux, informatique Grenoble
ISTIL diverses spécialités Lyon
ISTY informatique Versailles
IUSPIM informatique Marseille
IUSTI système thermique, Marseille

### Cavaliers seuls

- **Maths spé, DEUG, DUT, BTS**
- **Dossier, entretien ou concours**

3iL (nh) informatique, Limoges
COSAR, COSSAT armement, Paris
EA, École de l'air Salon-de-Provence
ECE informatique, électronique Paris
ECE (nh) Rennes
École Louis-de-Broglie électronique, informatique Rennes
EERIE informatique Nîmes
EIPC productique Arques

*(nh) : Non habilité par la Commission des titres d'ingénieurs.*

## Recrutement principal à bac+2 *(suite)*

EISTI informatique Cergy
EIT productique Tours
EIVP construction, urbanisme Ville de Paris
EME (nh) environnement Rennes
EN, École navale Brest
ENAC aviation civile Toulouse
ENGEES travaux ruraux Strasbourg
ENM météorologie Toulouse
ENSAE (nh) statistiques Malakoff
ENSAIT textile Roubaix
ENSIETA armement Brest
ENSMIC industries céréalières Paris
ENSP (nh) paysage Versailles
EPSI (nh) informatique Arras, Bordeaux, Montpellier, Paris
ESA-IGELEC génie électrique Saint-Nazaire
ESB bois Nantes
ESEAT électronique de l'armée de terre Rennes
ESGI (nh) informatique Paris
ESGM génie militaire Versailles
ESGT géomètre Évry
ESIGELEC génie électrique Rouen
ESIGETEL télécom Avon
ESIM génie marin, électronique Marseille
ESITE textile Épinal
ESM militaire Saint-Cyr
IFMA mécanique Clermont-Ferrand
IMERIR (nh) intelligence artificielle, robotique Perpignan
INT télécommunications Évry
IPI (nh) Châlons-sur-Marne, Verdun
ISAR (nh) électronique, automatique, Rhône-Alpes
ISMANS matériaux, Le Mans
ISPA plasturgie Alençon
ITECH textile et chimie Lyon

### NFI* bac+2 formation initiale

- **DEUG, DUT, BTS**
- **Dossier, entretien**

CEFIPA maintenance Gentilly
CESI machinisme agricole Toulouse
CESIA production Rouen
EIA production Angoulême
ESITCOM télécommunications Noisy-le-Grand
ESITI métallurgie, chimie Nancy
ISIPCA cosmétologie, arômes alimentaires Versailles
ISTIM productique Metz
ISTP mécanique Saint-Étienne
ITII Alsace, mécanique, électronique
ITII Bourgogne, mécanique, production, qualité, métrologie
ITII Champagne-Ardenne, mécanique
ITII Lyon, mécanique
ITII PACA, électronique, mécanique
ITII Picardie, mécanique
ITIIHN Évreux, maintenance

**NFI : Nouvelles formations d'ingénieurs.*
*(nh) : non habilité par la Commission des titres d'ingénieurs.*

# LES ÉCOLES QUI RECRUTENT AU BAC

Une soixantaine d'écoles sont habilitées à délivrer le titre d'ingénieur après une formation en cinq ans, accessible directement après le baccalauréat. Le schéma est le suivant : après une sélection qui peut être sévère, on entre dans une école et on y étudie pendant quatre ou cinq années de façon continue. Mais il y a des nuances entre ces écoles qui n'organisent pas toutes leur recrutement et leur scolarité de la même façon.

On peut distinguer sept grands groupes d'écoles différents, selon leur mode de recrutement ou selon le type de scolarité : les écoles de la FESIC (17 écoles, soit plus de 1 800 élèves en première année) ; les INSA (quatre instituts, soit plus de 1 300 élèves en première année) ; les ENI (cinq écoles, soit 600 élèves en première année) ; les écoles universitaires (huit filières, soit 700 étudiants en première année) ; les cavaliers seuls (24 écoles, soit plus de 1 700 élèves en première année) ; les filières Decomps (au nombre de sept, soit près de 300 élèves en première année) ; et les formations par l'apprentissage (au nombre de cinq).

## LES ÉCOLES DE LA FESIC

Les 17 écoles de la Fédération d'écoles supérieures d'ingénieurs et de cadres (FESIC) sont des établissements privés en cinq ans, spécialisés dans l'électronique, la chimie, l'agronomie ou les arts et métiers... Ils ont bâti leurs études sur le même schéma : 2+3, c'est-à-dire un cycle préparatoire intégré (deux ans) suivi du cycle ingénieur proprement dit (trois ans). Jean-Pierre Jourdan, directeur des études de l'Institut supérieur

## Le recrutement des écoles en cinq ans

**Les camemberts ci-dessous présentent la répartition des bacheliers admis en 1994 dans les écoles de la FESIC, les INSA, les ENI et les écoles universitaires.**

**Les écoles de la FESIC**
1 722 entrés en 1994

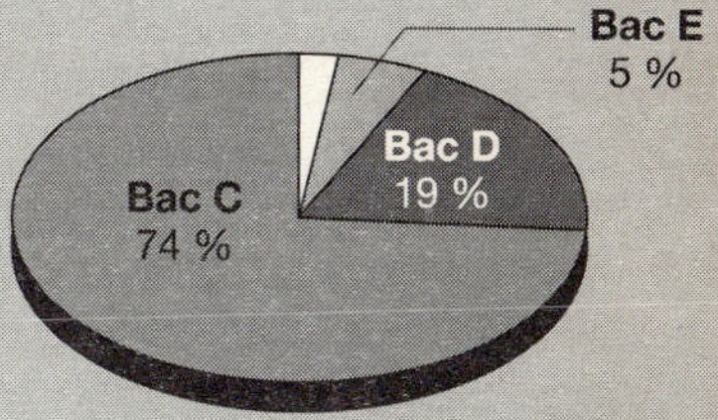


**Les INSA**
1 325 entrés en 1994

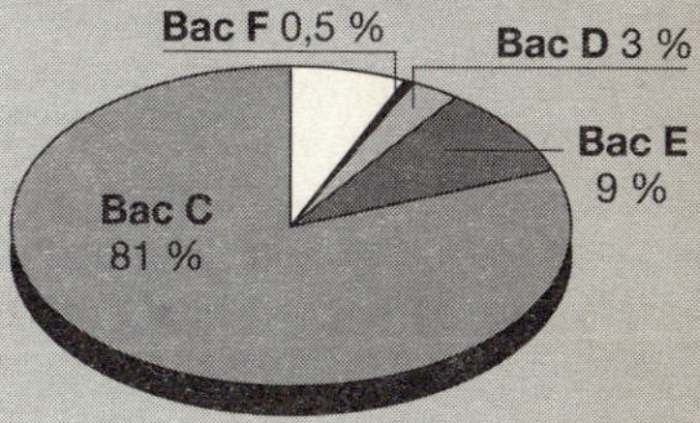


**Les ENI**
548 entrés en 1994

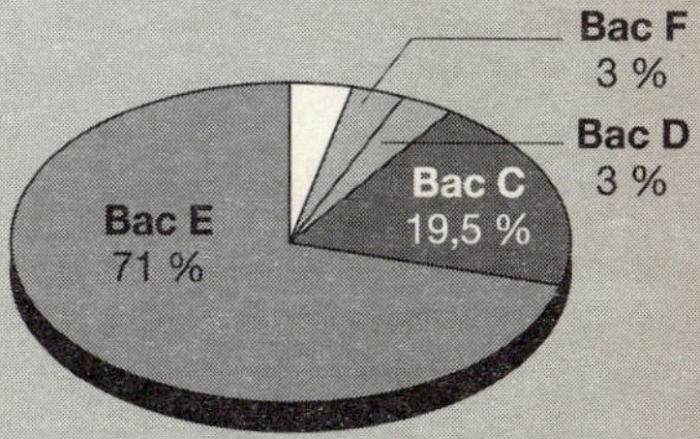


**Les universités**
770 entrés en 1994

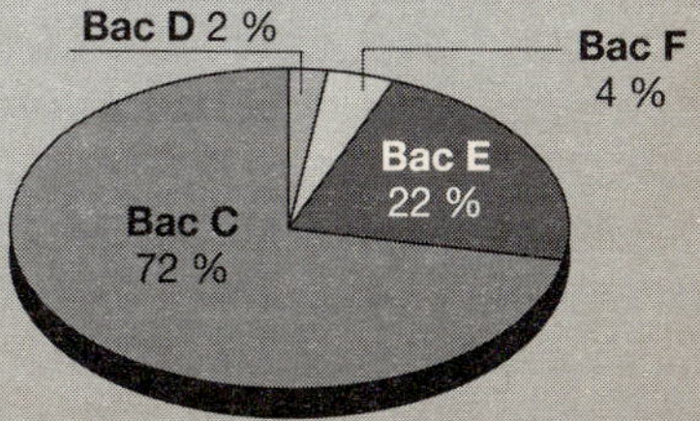

d'électronique de Paris (ISEP), décrit les avantages de ce système : « L'élève d'une classe préparatoire intégrée peut avoir une vie plus équilibrée. L'essentiel de la nécessaire sélection est derrière lui. Il sait que son sort dépend de lui-même et non de la lutte et des aléas d'un concours. L'élève peut porter un autre regard sur ses camarades de promotion et sur son travail : l'émulation peut se substituer à la rivalité, l'entraide et le travail de groupe à la concurrence, la confiance dans la valeur de l'effort personnel à l'inquiétude de l'avenir. »

Le programme des classes préparatoires intégrées ressemble comme un frère à celui des prépas des lycées. Son objectif est le même : permettre aux étudiants d'acquérir une formation scientifique de base et des méthodes de travail. C'est dire que vous ne goûterez pas beaucoup plus à l'électronique ou à la chimie que vos camarades des lycées. La mémoire n'est plus, comme dans le secondaire, l'instrument de travail principal. On abandonne les exercices de mathématiques ou de physique pour attaquer des problèmes qui ne sont pas copie conforme de ceux que l'enseignant a déjà traités.

Ce qui fait la différence avec les prépas des lycées, ce sont les méthodes de travail et l'ambiance. Le spectre des concours ne rôde pas et la décompression qui les suit d'ordinaire n'affecte pas la troisième année d'études (qui constitue la première année du cycle ingénieur). L'effort de travail est réparti sur cinq ans. Cela dit, 75 % seulement des élèves entrés en première année de l'Institut supérieur d'électronique de Paris réussissent à obtenir leur diplôme, les échecs ayant lieu au cours de la première année. Ce pourcentage atteint 90 % à HEI, avec parfois un redoublement dans l'un des deux cycles.

Les écoles de la FESIC appartiennent à l'enseignement supérieur catholique, mais sont néanmoins ouvertes à tous les étudiants. « C'est un choix que nous proposons et que nous n'imposons pas, explique Jean-Pierre Jourdan. Les élèves qui sont intéressés par notre engagement trouvent à l'intérieur de l'école des activités spécifiques. Notre regard sur l'homme se traduit par une certaine ambiance, par un climat d'entente. »

## ■ Recrutement sur dossier...

Au niveau du recrutement, on peut distinguer deux groupes d'écoles : celles qui sélectionnent uniquement sur dossier (HEI, ECAM, ICAM) et toutes les autres qui organisent des épreuves.

À Lille, HEI propose une formule originale. Plutôt que d'imposer un concours au moment de la préparation du bac, l'école demande au candidat de s'autoévaluer sur la base d'une grille qui lui est fournie. S'il obtient un résultat suffisant, il adresse son dossier à HEI qui, en fonction des résultats scolaires et des appréciations des professeurs, le convoque ou non à un entretien. Celui-ci a pour but de vérifier que le projet professionnel correspond bien à l'enseignement délivré par l'école.

Également membres de la FESIC, les écoles ICAM (Lille, Nantes, Toulouse) et ECAM (Lyon) se sont regroupées et ont instauré leur propre mode de recrutement. Un seul dossier suffit ; il contient les notes de la seconde à la terminale et des appréciations des professeurs. Les meilleurs candidats sont admis à un entretien qui a lieu fin mai ou début juin et qui permet de mieux connaître leurs motivations et de leur présenter l'école. Certains candidats sont alors définitivement admis, à condition bien sûr qu'ils décrochent le bac. Il reste une chance pour les autres qui renverront leurs résultats du bac dès qu'ils les connaîtront. Les meilleurs sont admis, ils ont en général une mention bien ou très bien. Les trois quarts des admis sont recrutés sur dossier et un quart au vu des résultats du bac.

## ■ ... ou sur concours

Les autres écoles ont opté pour la formule du concours. À partir de la rentrée 1995, le concours FESIC changera de nom : il s'intitulera Écrin. Autre changement, les écoles concernées par ce concours : école Louis-de-Broglie, EISTI, ESEO, ESTIT, ISEM, ISEN, ISEP, issues toutes les sept de l'ancien concours FESIC, auxquelles s'ajoutent l'ESCOM, l'EFREI, l'ESIEA, l'ESIEA Ouest, l'ESME-Sudria, l'ISEB et l'ITECH. Quant au principe du concours, il reste inchangé : des épreuves communes ont lieu mi-mai et comprennent des maths, de la physique, de la chimie et des sciences naturelles, auxquelles se greffent les notes obtenues au bac de français. Chaque école attribue un coefficient différent à ces matières, zéro par exemple pour les sciences naturelles dans une école d'électronique… L'inscription se fait par Minitel (36.15 FESIC), chaque candidat ne pouvant choisir que cinq écoles, sans ordre de préférence. La correction des épreuves est automatisée, ce qui assure une égalité parfaite. Le dossier scolaire est également examiné, surtout à titre de repêchage. La part respective accordée aux épreuves et au dossier varie selon l'école, l'ISEP étant celle qui accorde le plus d'importance aux épreuves qui lui semblent garantir un même traitement de tous les candidats. Les résultats sont connus début juin, les inscriptions définitives restant bien sûr conditionnées par l'obtention du bac.

Les élèves de l'ISEP, de l'ISEM et de l'ISEN ont la possibilité de suivre leur dernière année dans l'une des deux autres écoles pour bénéficier des pôles d'excellence de chacune, la microélectronique à l'ISEN ou les réseaux à l'ISEP.

## LES INSA

Les quatre instituts nationaux des sciences appliquées (INSA) de Lyon, Rennes, Rouen et Toulouse sont des écoles publiques qui, dès leur création, ont accordé une place importante à la recherche. Leur recrutement est commun et se fait sur dossier ; celui-ci comprend les notes de terminale et celles obtenues au bac. Introduit récemment dans le processus de sélection, le « bonus qualité » permet de prendre en compte la personnalité des élèves sur des critères d'excellence dans des domaines extrascolaires. Sur les 653 élèves qui, en 1993, ont intégré l'INSA de Lyon, 68 % ont eu une mention bien au bac et 4 % une mention très bien. Le bonus qualité a permis à 20 élèves d'entrer dans les INSA. Parmi eux, certains avaient réalisé des journaux, d'autres avaient entraîné des jeunes au volley-ball. C'est surtout l'investissement au niveau collectif et la prise de responsabilités qui ont été jugés.

## ■ Le modèle INSA

Le modèle INSA a été créé en 1957 pour accroître le nombre d'ingénieurs en France. Par sa taille et sa diversité, chaque INSA équivaut à plusieurs écoles d'ingénieurs. Le plus ancien et le plus grand est celui de Lyon, qui accueille plus de 3 500 élèves. Toulouse en compte 1 300 et Rennes 850. Le quatrième INSA a vu le jour à Rouen en 1985 ; il est fréquenté par 900 élèves. Dans tous ces instituts, les cinq années d'études se déroulent en trois phases :

• Le premier cycle (deux ans de tronc commun) est consacré à l'étude des disciplines scientifiques fondamentales (mathématiques, physique), de l'informatique, du dessin industriel et de la construction mécanique. Au programme également : un stage ouvrier d'un mois. « En effectuant le premier cycle au sein de l'école, l'élève peut réunir les informations qui l'aideront à choisir une spécialité (contacts avec les enseignants, les élèves, les conférenciers...). L'intérêt de l'INSA est d'offrir un large éventail de filières de formation. Le choix de ces filières se fait à l'issue du premier cycle et n'est pas soumis à l'incertitude du rang de classement aux concours. »

• Le deuxième cycle (deux ans) se déroule dans la filière choisie. Lyon propose neuf filières (biochimie, génie électrique, génie civil et urbanisme, génie énergétique, génie mécanique-construction, génie mécanique-développement, génie physique des matériaux, informatique, génie productique) ; Toulouse vous en offre six (génie des procédés industriels, génie biochimique et alimentaire, génie électrique, génie civil et urbanisme, génie mécanique et productique, génie physique) ; Rennes propose quatre filières (génie civil et urbanisme, génie électrique, génie physique, informatique) et Rouen, trois (chimie fine et ingénierie, génie énergétique propulsion, génie mathématique).

• La cinquième année est une année de spécialisation par des stages et des projets.

### ■ Des sportifs de haut niveau

La scolarité a été aménagée pour permettre la pratique intensive d'un sport ou d'un art. On trouve à Lyon des sections sports, musique, arts plastiques, danse, théâtre ; à Rouen des sections danse et théâtre ; à Toulouse une section sports.

Le champion du monde de canoë-kayak par équipes est élève à l'Institut national des sciences appliquées de Lyon, école qui a fourni à la délégation olympique française cinq athlètes à Séoul, un à Albertville et quatre à Barcelone. En cinquième année, les élèves de cette section s'initient à la recherche appliquée, en travaillant par exemple sur des matériaux pour raquettes ou cadres de vélo, ou sur la relation phonique entraîneur-entraîné dans l'eau…

## LES ENI

Les cinq écoles nationales d'ingénieurs (ENI) de Belfort, Brest, Metz, Saint-Étienne et Tarbes sont des écoles publiques. Elles ont été créées dans les années 60. Leur vocation est d'accueillir les bons élèves du technique pour en faire des ingénieurs de réalisation après cinq années d'études. Elles recrutent des bacheliers S et STI sur concours et/ou dossier, les modalités exactes de recrutement des nouveaux bacs n'étant pas encore définies à l'heure où nous mettons sous presse. Toutefois, le dossier comprend les notes au bac de français, les moyennes trimestrielles de terminale en maths, physique et première langue vivante, ainsi que les notes obtenues au bac dans ces trois matières. Le cumul des notes en maths et en physique ne doit pas être inférieur à 20.

Les écoles nationales d'ingénieurs accueillent en majorité des bacs S, spécialité technologie industrielle (59 % en 1993, contre 31 % des autres spécialités et 5 % de STI). Ce type de recrutement reflète le caractère technologique des études, qui débouchent principalement sur les métiers de la production.

## LES UNIVERSITÉS

Une soixantaine de formations d'ingénieurs sont implantées dans les universités, mais la plupart recrutent après un diplôme de niveau bac+2 (diplôme d'études universitaires générales – DEUG –, diplôme universitaire de technologie – DUT – ou brevet de technicien supérieur – BTS). Huit admettent néanmoins des bacheliers. En 1993, elles ont ainsi reçu 799 nouveaux élèves, pour la plupart issus de S, spécialité mathématiques.

### ■ Le concours du GEIPI

Parmi ces huit écoles, cinq organisent leur recrutement en commun par le biais du concours du GEIPI (Groupement d'écoles d'ingénieurs à prépa intégrée) : l'ESSTIN, l'ESINSA, l'EEIGM, l'EIVL et l'ENSGI. La sélection s'opère en deux temps ; d'abord sur dossier contenant le classement et les notes de terminale, les meilleurs élèves étant admis d'office ; puis sur concours pour tous ceux qui n'ont pas été retenus à la première étape. Le concours se déroule sur une journée à la fin du mois de mai et comprend deux épreuves, l'une de maths, l'autre de physique, sur le programme de terminale S. L'EEIGM fait également passer une épreuve de langue.

## LES CAVALIERS SEULS

Un certain nombre d'écoles font cavalier seul. Chacune a son propre mode d'admission et sa propre façon de concevoir les études. Un exemple : l'École supérieure d'ingénieurs en électrotechnique et électronique (ESIEE), installée dans de superbes locaux à Noisy-le-Grand, qui dépend de la chambre de commerce et d'industrie de Paris. Pas de classe préparatoire intégrée, mais un cursus en trois temps : un tronc commun de trois ans, une filière de quatrième année à choisir parmi huit possibilités et enfin un projet industriel réalisé pour une entreprise (un système de détection de fraude pour le RER, un didacticiel en analyse d'images…).

Le concours d'entrée, ouvert aux bacheliers S, aux élèves en première année de classe préparatoire et de DEUG SSM, comprend trois épreuves sous forme de questionnaires à choix multiples (QCM) de mathématiques, physique et culture générale. Sur plus de 2 000 candidats, à peine 10 % intègrent l'école. En 1993, 89 % d'entre eux avaient un bac S, 10 % venaient de première année de prépa et 1 % de l'université. Leur note moyenne en maths s'élevait à 11 en terminale, à 14,7 au bac et à 11,9 au concours ESIEE ; en physique, leur note moyenne était de 11,7 en terminale, 14,2 au bac et 10,8 au concours.

L'École spéciale de mécanique et d'électricité (ESME), dite Sudria, est aussi un cas à part : elle recrute au niveau bac des élèves qui suivent deux années de cycle préparatoire avant les trois années du cycle ingénieur. Mais elle offre des places beaucoup plus nombreuses en seconde année du cycle préparatoires, à des élèves issus de maths sup (première année de classe prépa).

Dans ce groupe se trouve également l'EPF, réservée aux filles jusqu'en 1993, et qui accueille maintenant des garçons. De ce fait, l'École polytechnique féminine n'a conservé que son sigle.

**PRATIQUE**

## Les écoles à bac+1

Créées au XIXe siècle avec pour objectif de former des spécialistes de la prospection minière, les écoles des Mines d'Alès (ENSTIMA) et de Douai ont désormais élargi leur champ de compétences. Forte de sa tradition et de ses évolutions, la famille des écoles nationales supérieures des techniques industrielles et des mines (ENSTIM) s'est même agrandie en 1991 et en 1992 avec la création de deux nouvelles écoles : une à Nantes (ENSTIMN) et une autre à Albi-Carmaux (EMAC). Mais si leur nom est pour partie commun et si la durée de formation est identique (quatre ans après un niveau bac+1), les quatre écoles organisent chacune leur recrutement. Les concours portent sur les programmes de maths sup MP, T, T' et TA (futures TSI, MT et les filières de la voie générale). Nombreux sont pourtant les élèves de maths spé à présenter ces écoles, pour « assurer leurs arrières », en cas d'échec aux concours des écoles qui recrutent à bac+2.

Deux autres écoles, de création récente, recrutent également à bac+1 pour quatre ans d'études : l'École supérieure de plasturgie (ESP) à Bellignat dans l'Ain et l'École supérieure des procédés électroniques et optiques (ESPEO) à Orléans. L'ESP est une école privée, soutenue par les professionnels du secteur ; elle recrute sur concours et entretien. L'ESPEO est rattachée à l'université d'Orléans, elle sélectionne sur dossier et entretien ; en 1993, elle a admis presque à part égale des étudiants de première année de DEUG sciences des structures et de la matière (SSM), des élèves de maths sup et des titulaires d'un brevet de technicien supérieur (BTS) ou d'un diplôme universitaire de technologie (DUT).

### ■ Les filières par l'alternance

Si vous cherchez, une fois votre bac en poche, à vous confronter rapidement aux réalités du monde du travail, les formations d'ingénieurs par l'alternance (à cheval entre l'entreprise et l'école) pourront vous intéresser. Elles peuvent être de deux types, soit filière Decomps, soit formation par l'apprentissage (pour la distinction, reportez-vous à la première partie). Près de 500 bacheliers ont choisi cette voie à la rentrée 1993. Le recrutement se fait sur dossier et entretien ; les écoles accordent en général autant d'importance aux motivations et à la personnalité du candidat qu'à ses résultats scolaires.

## LES CYCLES PRÉPARATOIRES POLYTECHNIQUES

Les trois instituts nationaux polytechniques (INP) de Grenoble, Lorraine et Toulouse sont des regroupements d'écoles qui ont, depuis leur création, accordé une place importante à la recherche et qui mettent en commun leurs moyens. Ils proposent depuis la rentrée 1993 un cycle préparatoire polytechnique (CPP) de deux ans, qui donne accès aux 20 écoles qui les composent. Les candidats, élèves de terminale S, STI et STL, sont sélectionnés sur dossier puis sur entretien. Pour se présenter à cet entretien, il faut avoir obtenu le baccalauréat à l'issue du premier groupe d'épreuves. En 1995, 48 places sont offertes dans chacun des trois INP.

Au programme du CPP : des maths, de la physique, de la chimie, de la mécanique, de la biologie, des sciences humaines et sociales, deux langues vivantes, du sport. Chaque élève est suivi par un tuteur, enseignant dans l'une des écoles des INP, et effectue un stage de six semaines en entreprise en fin de scolarité. Au cours du quatrième semestre, il choisit l'un des thèmes suivants : électronique, informatique, chimie, agronomie, mécanique. L'admission dans l'une des écoles du groupe est prononcée par un jury en fonction des résultats obtenus au cours de la scolarité.

Renseignements et inscriptions sur Minitel : 36.16, code INPG ; ou auprès de chaque INP : INPG, 46, avenue Félix-Viallet, 38031 Grenoble cedex, tél. 76.57.47.62 ; INPL, 2, avenue de la Forêt-de-Haye, BP 3, 54516 Vandœuvre-lès-Nancy cedex, tél. 83.59.59.84 ; INPT, 6, avenue Émile-Monso, 31000 Toulouse, tél. 62.24.21.40.

## LES CYCLES PRÉPARATOIRES INGÉNIEUR CHIMISTE (CPIC)

Ouvert dans quatre écoles d'ingénieurs chimistes à Rennes (ENSCR), Lille (ENSCL), Bordeaux (ENSCPB) et Montpellier (ENSCM), ce cycle préparatoire débouche sur huit écoles de chimie. Suivre ainsi le CPIC à Rennes ne ferme pas les portes des sept autres écoles de chimie. Pour accéder à l'une ou l'autre des écoles, la seule condition à remplir est d'obtenir en fin de cycle préparatoire une moyenne de 12/20 au minimum. En fonction de leur classement, les préparationnaires choisissent leur école d'affectation.

Pour connaître les coordonnées des écoles de chimie, reportez-vous au « Carnet d'adresses » en fin d'ouvrage ; les écoles d'ingénieurs y sont classées par ordre alphabétique de sigle.

# LES ÉCOLES QUI RECRUTENT À BAC+2

Les écoles dont il est question dans ce chapitre impliquent un passage par les classes préparatoires ou l'obtention préalable d'un diplôme de niveau bac+2. Ce diplôme peut être un diplôme d'études universitaires générales (DEUG), un diplôme universitaire de technologie (DUT), délivrés par les universités, ou un brevet de technicien supérieur (BTS), diplôme d'État préparé dans des lycées publics ou des écoles privées. Les classes prépas restent la voie royale pour accéder aux écoles d'ingénieurs puisque 68 % des élèves ingénieurs en sont issus. Les titulaires d'un DEUG représentent 12 % des admis, ceux d'un DUT 12 %. Les titulaires d'un BTS deviennent beaucoup plus difficilement ingénieurs puisqu'ils ne représentent que 4 % des admis.

Les trois quarts des écoles d'ingénieurs recrutent après un premier diplôme de niveau bac+2 ; il est bien sûr impossible de vous les présenter une à une. C'est pourquoi nous nous limiterons aux écoles qui admettent principalement des élèves de prépa et aux écoles universitaires.

## LES ÉCOLES QUI RECRUTENT SUR PRÉPA

C'est la voie royale, mais il faut s'accrocher ! Certains ont besoin de trois ans pour réussir un concours. 20 % n'y arrivent jamais et vont voir ailleurs. Un taupin normalement constitué présentera quatre ou cinq concours. Grâce à l'existence de concours communs à plusieurs écoles, il pourra ainsi tenter sa chance dans 20 à 50 des 80 écoles d'ingénieurs qui recrutent sur prépa. Les concours présentés ici sont tous communs à plusieurs écoles, excepté celui de Polytechnique.

Attention, les sigles des prépas utilisés sont : M, M', P et P'. En effet, les écoles conserveront ces appellations jusqu'à la session de 1997, date à laquelle elles recruteront les préparationnaires nouvelle version (voir le premier chapitre de cette partie).

## ■ Polytechnique

Depuis sa création, il y a deux siècles, l'X a fait rêver des générations de taupins… et de belles-mères. Imperturbable fournisseur d'élites sur mesure pour l'État et l'industrie, Polytechnique reste la Rolls des grandes écoles scientifiques. Implantée sur un site de 180 hectares, à Palaiseau, dans la banlieue sud de Paris, l'école organise son propre concours sur les programmes M' et P'. Âge requis : 17 à 22 ans. Quelques places sont accessibles aux spé T' et TA (futures MT et TSI), ainsi qu'aux médaillés de l'École des arts et métiers. Mais le gros des troupes (285 M' et 106 P' pour 2 218 candidats en 1994) suit la voie du concours normal.

Les épreuves débutent en mai avec, à l'heure actuelle, deux séries d'écrits : mathématiques 1 et 2 (deux fois quatre heures ; coef. 19 en M', 13 en P') ; physique 1 et 2 (deux fois trois heures ; coef. 11 en M', 8 en P') ; chimie (trois heures ; coef. sept en M', 9 en P') ; composition française (trois heures ; coef. 8). S'y ajoute un autre écrit qui ne compte que pour l'admission : langue vivante (deux heures et demie ; coef. 8). À ce stade, deux oraux d'une demi-heure chacun (maths et physique en M', physique et chimie en P') permettent de repêcher des candidats tangents aux écrits de la première série. Viennent ensuite les oraux d'admission : maths (coef. 38 en M', 26 en P'), physique (coef. 11 en M', 16 en P'), chimie (coef. 7 et 9), langue vivante (coef. 8), français (coef. 8), plus des épreuves de travaux pratiques (en P') et d'informatique, coef. 5. Enfin, cinq épreuves de sport (coef. 5) viennent achever la résistance de candidats exténués.

**PRATIQUE**

## Comment sort-on de l'X

La règle du jeu consiste à compléter la formation reçue, mais on peut s'en dispenser en remboursant les frais de scolarité. Généralement, lorsqu'une entreprise privée embauche un jeune diplômé de Polytechnique, c'est elle qui s'acquitte de cette dette. En fonction de leur rang de sortie et de leurs goûts, les polytechniciens peuvent entrer dans un corps d'État et suivre l'école d'application correspondante. Dans ce cas, ils doivent s'engager à passer dix années au service de l'État. Ils peuvent toutefois échapper à cette obligation en « payant la pantoufle », c'est-à-dire en remboursant les frais de scolarité. Il existe encore une autre possibilité : suivre une formation complémentaire agréée. Les étudiants qui obtiennent le diplôme sont libérés de la dette contractée envers l'école.

Une petite partie des diplômés de Polytechnique choisissent classiquement d'entrer dans les corps de l'État. Traditionnellement, les mieux classés, ceux qui sortent dans « la botte », se dirigent vers le corps des Mines. Ils sont plus nombreux à opter pour une formation complémentaire, souvent technique, dans les mêmes écoles que précédemment, mais sans appartenir pour autant au prestigieux corps. Ils peuvent également préférer une formation par la recherche (un doctorat français ou étranger).

Polytechnique dépend du ministère de la Défense. Les élèves français consacrent donc la première des trois années du cursus à une formation militaire, qui vaut service national pour les garçons. Les élèves étrangers ne les rejoignent qu'en deuxième année. L'essentiel de l'emploi du temps est consacré à l'enseignement scientifique, avec un tronc commun (maths pures et appliquées, économie, mécanique, physique, chimie et biologie) qui dure trois trimestres. À la rentrée 1995, le tronc commun passera à deux trimestres.

S'y ajoutent une « majeure » au choix parmi cinq en première année et une parmi huit en deuxième année. Les langues, le sport et la culture générale complètent l'ensemble. L'école prend en charge les 300 000 F de frais d'études et d'entretien.

Une fois diplômés, les polytechniciens n'ont pas vraiment de métier. Ils doivent donc se spécialiser. Les mieux classés décrochent les grands corps de l'État, du plus convoité (Mines, Ponts, Telecom…) au moins couru (carrières d'officier). Les seconds peuvent s'orienter vers l'une des 23 formations complémentaires agréées (Sup'aéro, Supélec…). Quant à l'autre voie, celle de la recherche (18 % des diplômés de 1994), elle consiste en général à préparer un diplôme d'études approfondies (DEA) et une thèse de doctorat.

S'ouvre alors pour les X l'autoroute des carrières. Avec, en bémol, la crise économique qui touche de plein fouet l'industrie. D'où l'attrait particulier et très vif qu'exercent des écoles plus nettement orientées vers la fonction publique et ses postes abrités, en particulier les ENS.

## ■ Les écoles normales supérieures

Déjà prestigieuses grâce aux formations littéraires de la rue d'Ulm et de Fontenay, les ENS n'ont pas non plus à rougir de leurs filières scientifiques. Trois des quatre écoles en proposent : Ulm, deux fois centenaire ; Lyon, récemment créée (transfert de l'école de Saint-Cloud), et Cachan. D'une façon générale, le niveau des candidats est très élevé. Nouveauté de 1994 : une banque commune d'épreuves aux trois écoles.

Les ENS ne forment pas directement des ingénieurs et ne délivrent pas de diplôme proprement dit. Elles préparent aux deuxième et troisième cycles universitaires, aux agrégations et à la recherche. Quand les normaliens passent dans le privé, ils sont cadres supérieurs et sont assimilés aux ingénieurs. Les études durent quatre ans. Sous la direction des caïmans (les profs), les conscrits (élèves de première année), futurs archicubes (anciens élèves), découvrent le statut d'élèves fonctionnaires (rémunérés 8 500 F par mois).

## ■ Centrale-Supélec

Ce concours est une énorme machine. Il est divisé en 11 séries qui concernent pas moins de 17 écoles. Chaque année, 10 000 candidats environ s'y présentent, c'est-à-dire quatre taupins sur cinq ! En 1993, un peu plus de 1 200 d'entre eux ont intégré l'une des sept écoles qui assurent leur recrutement principal par ce concours : Centrale Paris (ECP), Supélec Paris, Centrale Lille (EC Lille), Lyon (ECL) et Nantes (ECN), Supoptique (ESO) et l'Institut d'informatique d'entreprise (IIE) qui dépend du Conservatoire national des arts et métiers. Toutes recrutent sur les programmes de M, P' et TA, sauf l'IIE (M et P'). S'y ajoutent l'ENSEA (électronique) pour les seules options M et P' et neuf autres écoles pour l'option TA (Polytechnique, Ponts-et-chaussées, Sup'aéro, ENSTA, Telecom Paris et Bretagne, Mines de Paris, Nancy et Saint-Étienne).

Au menu des épreuves écrites, rien que du classique : maths (deux fois quatre heures), physique (deux fois quatre heures), chimie (trois heures en M et P', deux heures en TA), dessin (quatre heures en M et P'), technologie (deux fois quatre heures en TA), langue vivante (trois heures) et résumé-dissertation en français (quatre heures). Les coefficients varient d'une école à l'autre, mais donnent bien sûr la part du lion aux maths et à la physique. Le jury ne mâche pas ses mots à propos de certaines matières. En dessin par exemple : « 25 % des candidats sont strictement nuls. Un sur dix seulement atteint la moyenne. »

En français : « Combien de copies quasi indéchiffrables... Le problème de l'orthographe ne se pose même plus ! » Dommage, car c'est souvent sur ces épreuves que se grappillent les points qui font la différence.

Les oraux d'admission sont au nombre de six : deux épreuves de maths, deux de physique, une de chimie et de langue (la même qu'à l'écrit), plus une épreuve pratique de physique ou chimie pour les M et P' et de technologie pour les TA. Seul l'IIE organise son propre oral.

Toutes ces écoles, comme celles du concours Mines-Ponts, recrutent les meilleurs taupins. Elles sont particulièrement bien cotées sur le marché de l'emploi. Capacité d'abstraction, puissance de travail, motivation, volonté de réussir sont les qualités cultivées chez ces futurs ingénieurs qui devront concevoir des produits et animer des entreprises. La formation scientifique est d'ailleurs le plus souvent accompagnée d'un enseignement sur l'économie, les relations humaines et la politique internationale.

## ■ Mines-Ponts-Telecom

Ce concours concerne lui aussi les taupins du haut du panier. Il recrute pour huit écoles. Trois sont ouvertes aux candidats âgés de 17 à 22 ans : l'École nationale des ponts et chaussées (ENPC), l'École nationale supérieure des mines de Paris (ENSMP) et les Mines de Saint-Étienne (EMSE). Les autres – les Mines de Nancy (EMN), Telecom de Paris et de Bretagne (ENST), Sup'aéro Toulouse (ENSAE) et l'École nationale supérieure des techniques avancées (ENSTA) de Paris – sont accessibles sans limite d'âge. À la différence des écoles du concours Centrale-Supélec, plutôt tournées vers le privé, celles-ci forment des ingénieurs destinés avant tout aux corps techniques de l'État.

Les épreuves du concours portent sur les programmes M et P' pour deux années encore. Quelques rares spé TA (futures TSI) sont admis, *via* des épreuves communes au concours Centrale-Supélec. En 1994, toutes options confondues, 7 274 candidats se sont présentés, avec 10 % de chances de réussite en moyenne. Mais là encore, des disparités importantes existent : les spé M par exemple, bien que moitié plus nombreux que les M', ont eu quatre fois moins de chances d'être admis.

Au menu des épreuves écrites et orales, les habituels poids lourds : maths, physique et chimie. S'y ajoutent le français et une langue vivante, avec un coefficient de 27 sur 106. Un conseil éclairé du jury : évitez de prendre à la légère l'épreuve écrite de français. En 1993, 13 étudiants de valeur ont ainsi été bêtement éliminés parce qu'ils avaient obtenu des notes inférieures à 4/20. Même remarque concernant l'épreuve de technologie-construction (coef. 3) : 44 candidats ont été renvoyés à leurs chères études parce qu'ils n'avaient pas jugé bon de se déplacer !

## ■ Le groupe des concours Polytechniques

Il faudra bien s'y habituer. On ne doit plus parler d'ENSI mais d'« écoles du groupe concours Polytechniques ». Avec un « s » à Polytechniques, s'il vous plaît. Aucun risque de confusion avec vos éventuels résultats à l'X : les épreuves ont lieu aux mêmes dates, vous ne pouvez donc pas en passer plusieurs en même temps, ce qui vous oblige à faire un choix…

En fait, ce nouveau nom vise à rendre les choses plus claires. Plus de 30 écoles recrutent en effet sur ce concours commun. Mais toutes n'ont pas le statut universitaire des écoles nationales supérieures d'ingénieurs proprement dites. Certaines sont même privées, comme l'École française de papeterie et des industries graphiques (EFPG). Voilà pour la petite cuisine.

Quant à la grande, il faut faire la distinction entre deux séries de concours différentes, comprenant chacune plusieurs options. La première série concerne les écoles de physique, au nombre d'une vingtaine. Ces concours portent sur les programmes des maths spé M, P et TA (futures MP, PC et TSI). L'autre série concerne les écoles de chimie, avec trois concours : le premier s'adresse aux élèves de P (mais les P' peuvent aussi bien sûr le présenter) et concerne 10 écoles ; le deuxième s'adresse aux élèves de P' (future PC*) et concerne trois écoles ; le troisième concours s'adresse aux spé TB (future TPC) et concerne l'ensemble des 13 écoles. Ces trois concours nationaux de chimie remplacent depuis 1991 l'ancienne organisation régionale des concours d'entrée aux ENSI.

En 1994, sur les 12 714 élèves de spé M, M', P, P' (futures MP, PC, PSI et MPT avec ou sans étoile), qui se sont portés candidats, 5 514 ont été reçus et 2 379 ont effectivement intégré. C'est dire l'attrait de ces formations, en particulier pour ceux qui viennent de spé P, nettement distancés dans les « grands » concours. Une large place est accordée à la recherche, parfois sous la direction de maîtres prestigieux, comme à l'École supérieure de physique et de chimie industrielles de la ville de Paris (ESPCI) où officient notamment Pierre-Gilles de Gennes et Georges Charpak, prix Nobel de physique...

## ■ Les Arts et Métiers

Les « Gadz'arts » sont fiers de leur école et de leurs traditions ! Peu importent les critiques répétées contre leur bizutage. L'essentiel, c'est que les diplômés de l'École nationale supérieure des arts et métiers (ENSAM) conservent intact leur crédit dans l'entreprise. L'ENSAM a en effet la réputation de former des ingénieurs plus proches des réalités industrielles que bien des grandes écoles. De la conception à la réalisation, toutes les étapes se valent, voilà le grand principe. L'importance donnée au concours d'entrée à l'épreuve de technologie (étude mécanique, projet de conception et de fabrication) en témoigne : elle dure une journée. S'y ajoutent des épreuves de maths, de physique et d'expression (français et langue vivante), toutes affectées de coefficients voisins.

Le concours de l'ENSAM est commun à trois autres écoles pour les options T et TA : l'ENSAIS de Strasbourg (travaux publics et topographie), l'ENSCI de Limoges (physique des matériaux) et l'ENSEA de Cergy-Pontoise (électronique). Deux établissements utilisent aussi cette banque d'épreuves, pour l'option T uniquement. Il s'agit de l'ENSHMG de Grenoble (mécanique) et de l'ENSMM de Besançon (dite « Chrono »). On ne peut se présenter plus de deux fois à ce concours, mais aucune limite d'âge n'est imposée. Le taux de réussite est particulièrement élevé, avec un tiers de candidats admis.

## ■ Les ENSA

La plus connue des écoles nationales supérieures d'agronomie (ENSA) est l'Institut national agronomique de Paris-Grignon (INA-PG), « l'Agro » pour les intimes. L'INA-PG est une institution très chic, implantée sur deux sites : Paris, au cœur du Quartier latin, et Grignon, en grande banlieue ouest, avec son château, sa société hippique et sa fameuse garden-party.

Outre l'INA, six établissements recrutent en maths spé bio, spé TB' et TD' (futures BCPT, TB). Il s'agit des ENSA de Montpellier, Rennes et Toulouse, de l'ENSAIA de Nancy, de l'ENSBANA de Dijon et de l'ENSIA de Massy. Trois autres écoles recrutent sur ce concours, mais uniquement en spé bio (future BCPT, deuxième année) : l'antenne des eaux et forêts de Nancy (ENGREF), et les écoles nationales supérieures de chimie de Lille (ENSCL) et de Montpellier (ENSCM).

Tous les ans, 650 étudiants sortent diplômés après une troisième année de spécialisation dans l'ENSA de leur choix. Certains d'entre eux prolongent ensuite leur formation dans la recherche de pointe. D'autres jouent la diversification dans des secteurs plus lucratifs, comme la gestion ou la direction d'entreprise. Sans parler de ceux qui se retrouvent un jour ministre de la Justice...

## ■ Les ENITA

Les écoles nationales d'ingénieurs des travaux agricoles (ENITA) recrutent sur les mêmes épreuves que le concours d'entrée aux ENSA (avec des coefficients différents). Ces écoles sont au nombre de quatre (Bordeaux, Nantes, Angers et Clermont-Ferrand), auxquelles il faut ajouter l'ENESAD de Dijon. 350 futurs ingénieurs des travaux agricoles, élèves fonctionnaires rémunérés, y sont formés chaque année. Plus de la moitié d'entre eux sont recrutés par le biais du concours A, réservé aux élèves de classes prépas bio, TB' et TD' (futures BCPT et TB).

## ■ D'autres concours communs

Trois écoles qui forment de futurs ingénieurs fonctionnaires organisent un concours commun, sur les programmes de spé M, P' et TA, futures MP, PC* et TSI : l'ENSG de Saint-Mandé (sciences géographiques), l'ENTM (travaux maritimes) et l'ENTPE (travaux publics) à Vaulx-en-Velin. Les élèves sont rémunérés. Ils devront huit ans de service à l'État.

L'École spéciale des travaux publics, du bâtiment et de l'industrie, à Paris, organise un concours commun pour ses quatre sections : l'ESTP (travaux publics), l'ESB (bâtiment), l'ESME (mécanique-électricité) et l'EST (topographie). 429 élèves y sont entrés en 1993, venus de maths spé M, M', P, P' et TA (futures prépas MP, PC, PSI, MPT, avec ou sans étoile, et TSI).

Créé en 1992, le concours Icare regroupe désormais cinq écoles d'ingénieurs privées ou consulaires : EERIE à Nîmes, EIPC à Saint-Omer, EIT à Tours, ESA-IGELEC à Saint-Nazaire, ESIGELEC à Rouen. Il offre environ 400 places aux élèves de maths spé M, M', P, P', T et TA (futures prépas MP, MPT, PC et PSI, avec ou sans étoile, et TSI). Cinq épreuves sont inscrites au programme de l'écrit : deux de maths, deux de physique et une de français. À l'oral, les candidats admissibles doivent encore se soumettre à cinq épreuves : maths, physique, travaux pratiques (informatique ou électronique), langue et entretien. Chaque école applique ses propres coefficients à chacune des épreuves écrites ou orales.

Un autre concours, qui permet d'intégrer l'une des quatre écoles de l'armée, est à signaler : l'ENSIETA d'Arcueil et de Brest, l'EA de Salon-de-Provence recrutent sur le programme M, l'EN de Brest et de Saint-Cyr-Coëtquidan sur les programmes de M et M'.

## LES ADMISSIONS PARALLÈLES

Toutes les écoles précédemment citées (sauf Polytechnique), accueillent aussi en admission dite « parallèle » des titulaires d'un diplôme d'études universitaires générales (DEUG) scientifique (DEUG SSM ou DEUG A et DEUG SNV ou DEUG B), d'un brevet de technicien supérieur (BTS) ou d'un diplôme universitaire de technologie (DUT) proche de la spécialité de l'école. En moyenne, les admissions parallèles représentent environ 10 % des effectifs en première année des écoles qui recrutent principalement sur prépa.

Comme pour les admissions principales, les écoles ont mis en place des concours communs. Le plus important est le concours national DEUG A, qui ouvre l'accès aux écoles du groupe Centrale-Supélec et aux ENSI de physique et à l'école de chimie de Nancy, soit à une trentaine d'écoles. En 1994, 1 289 candidats ont concouru, 364 ont été admis. Les écoles de chimie (sauf donc celle de Nancy qui recrute sur le concours national DEUG A et celle de Paris qui fait cavalier seul) se regroupent régionalement : au nord et à l'est, Lille, Mulhouse, Strasbourg ; au sud et à l'ouest, Bordeaux, Marseille, Montpellier et Toulouse. Les écoles d'agronomie, ENSA et ENITA, organisent également un concours commun pour les titulaires de DEUG (SSM ou SNV), dit concours B. En 1994,

541 candidats se sont présentés aux ENSA, 122 ont été admis ; 694 ont présenté les ENITA, 56 ont été admis.

Pour les titulaires d'un BTS ou d'un DUT, les écoles préfèrent, en général, sélectionner sur dossier et entretien. L'ENSAM, par exemple, a remplacé les épreuves écrites et orales (qui suivaient jusqu'ici la sélection sur dossier) par deux entretiens. Le premier est destiné à juger les connaissances techniques, le second à évaluer la culture générale et le projet personnel. Une centaine de places sont proposées par ce biais aux DUT et BTS. Les écoles d'agronomie recrutent cependant encore sur un concours commun, le concours C. En 1994, on compte 38 admis dans les ENSA (pour 293 candidats) et 93 dans les ENITA (pour 356 candidats).

En deuxième année, la voie des admissions parallèles est ouverte aux titulaires d'une maîtrise. Les écoles procèdent à leur propre recrutement, le plus souvent sur dossier et entretien, parfois sur tests. En 1992, les admissions parallèles après la maîtrise ont représenté un peu plus de 7 % des admis dans les écoles recrutant principalement après la prépa.

## LES UNIVERSITÉS

Parmi les 51 facs qui délivrent un diplôme d'ingénieur, 42 sont ouvertes surtout aux DEUG ou DUT et, parfois, aux BTS et aux élèves de maths spé (elles sont présentées en fiches à la fin du livre). La plupart accordent une grande importance au dossier et à l'entretien et cherchent à mélanger des élèves d'origines diverses : DEUG, DUT, maths spé et, dans une moindre mesure, BTS.

À Nantes, l'IRESTE recrute 47 % de DUT, 14 % de DEUG, 31 % de maths spé et 8 % de BTS. La sélection se fait en deux temps : sur dossier puis sur entretien. Sur les 1 034 candidats à l'entrée 488 candidats ont été admis et 125 élèves sont effectivement entrés. Ce sont les premiers des différentes filières, les notes ou le classement étant pondérés par le niveau de l'établissement d'origine. Les élèves issus des prépas doivent être admissibles au concours Polytechniques commun physique (ex-ENSI) ou au concours ENSAM. Les cinq demis ont leurs chances, à condition d'avoir un bon niveau et une réelle vocation pour l'électronique. L'entretien (environ une demi-heure) se déroule devant un jury composé d'un enseignant et d'un industriel. Ce dernier évalue surtout l'aptitude du candidat au métier d'ingénieur.

À Lille, l'EUDIL admet environ un tiers de DEUG, un tiers de DUT, un tiers de prépas et quelques BTS et titulaires de licence. Pour les DEUG, les DUT et les BTS, la sélection se fait sur dossier puis entretien. Le dossier contient les notes obtenues au bac et pendant les deux années suivantes, ainsi que les appréciations des professeurs. Une mention n'est pas obligatoire, mais elle est d'une grande aide. L'entretien, qui a lieu avec un enseignant de l'université et un ancien élève, cherche à mieux cerner la personnalité du candidat, sa motivation pour le métier d'ingénieur et le choix de l'école. Les élèves issus des prépas passent le concours commun Eiffel et un entretien. Récemment créé, ce concours regroupe le CUST de Clermont-Ferrand, l'ISIM de Montpellier et l'EUDIL. Au total, 250 candidats ont été admis à l'EUDIL sur près de 3 000 qui avaient envoyé un dossier.

## LES FORMATIONS PAR L'ALTERNANCE

Entre 1992 et 1993 le nombre d'ingénieurs par l'apprentissage (entrés à bac+2) a plus que doublé ; il est passé de 203 à 465. La progression est du même ordre entre 1993 et 1994. C'est peu, mais la formule se développe et représente une voie intéressante, en particulier pour les techniciens supérieurs, qui ont du mal à se faire admettre dans les grandes écoles d'ingénieurs « traditionnelles ». Une quinzaine de filières admettent des étudiants diplômés d'un BTS, DUT ou d'un DEUG (plus rarement cependant) en formation initiale pour trois ans de formation alternée en entreprise et en école. La sélection s'effectue généralement sur dossier et entretien, parfois tests et, même, concours.

À la rentrée 1993, huit instituts des techniques d'ingénieurs de l'industrie (ITII, en Alsace, Bourgogne, Champagne-Ardenne, Rhône-Alpes, Provence-Alpes-Côte d'Azur, Picardie et Haute-Normandie) ont admis 118 apprentis (sur plus de 900 candidats) ; 70 % avaient un DUT, 29 % un BTS et 1 % un DEUG.

# LES ÉCOLES ET LEURS SPÉCIALITÉS

Du textile à l'horticulture en passant par les travaux publics, l'éventail des matières proposées par les écoles est large, d'autant qu'une même école peut proposer plusieurs spécialisations ou orientations. Alors, école généraliste ou spécialisation en électronique, en chimie ou en mécanique ? Certains ne se posent pas la question et laissent le concours et la cote décider pour eux. Admis à plusieurs écoles, ils tranchent pour la plus prestigieuse ou la moins mal cotée. Frédéric rêvait d'avions, il étudie l'électronique. D'autres aiment l'électronique, ils étudient la chimie et les travaux publics. Seuls les premiers ont le choix.

À la cote de l'école s'ajoutent les phénomènes de mode. Les puces et les ordinateurs ont la faveur des étudiants qui imaginent mal que l'on puisse faire appel à des techniques de pointe dans des secteurs autres que l'électronique et l'informatique. Tous les secteurs se modernisent. Et même les secteurs dits sinistrés (sidérurgie, textile, automobile, bâtiment-travaux publics) font les yeux doux aux jeunes ingénieurs. Ce sont eux qui conduisent les mutations technologiques et qui permettent le redressement de pans entiers de l'économie. « L'acier de demain, c'est de la matière grise », écrit Usinor et l'on pourrait en dire autant pour les barrages, le textile ou la chimie.

Une spécialité n'enferme pas nécessairement dans un métier. Beaucoup d'ingénieurs chimistes ou agronomes se sont dirigés avec succès vers l'informatique. La plupart des élèves finissent par prendre goût aux disciplines qui leur sont enseignées. Il y a quelques exceptions. Certains rêvaient de l'X et n'accrochent pas à la chimie. Mieux vaut s'interroger sur sa vocation et être heureux pendant trois ou cinq ans.

## DES NOMS TROMPEURS

Les noms sont parfois trompeurs, dans la mesure où l'intitulé de l'établissement laisse entrevoir une spécialisation que les débouchés offerts aux diplômés ne reflètent pas. Certaines écoles sont en fait plus généralistes que leur nom ne pourrait le laisser supposer. L'École nationale des ponts et chaussées (ENPC) propose quatre filières en deuxième année : génie civil, génie industriel, mais aussi économie-réseaux-aménagement, et ingénierie-mathématique et informatique. L'ENPC est sans conteste la plus généraliste des écoles de génie civil. « Autrement dit, on peut sortir de l'École des ponts sans entrer nécessairement chez les constructeurs de ponts. » 16 % seulement des diplômés travaillent dans le BTP.

L'École nationale supérieure des techniques industrielles et des mines d'Alès (ENSTIMA) est la plus « minière » des sept écoles des mines (Albi, Alès, Douai, Nancy, Nantes, Paris, Saint-Étienne). Et c'est une particularité à laquelle elle tient. Dès leur entrée, les élèves descendent à la mine pour un stage ouvrier de deux mois. Que les jeunes filles se rassurent, elles en sont dispensées et effectuent leur stage en entreprise. Il y a encore des mines en France et beaucoup de pays étrangers continuent à exploiter les leurs. Mais l'enseignement minier concerne toutes les activités du sol et du sous-sol. Le bâtiment, EDF, les grandes villes recrutent des « mineurs » pour construire des tunnels ferroviaires ou routiers, des métros ou pour résoudre le problème épineux du stockage des gaz, des hydrocarbures ou des déchets. À Alès, les mines sont une option de dernière année au même titre que les matériaux, l'environnement, les systèmes de production et les systèmes temps réel.

À l'École des mines de Douai (ex-ENSTIMD), la tradition ne subsiste que dans le stage ouvrier qui se déroule souvent au fond d'une mine ou dans une carrière. Six options (au choix) sont proposées : bâtiment-travaux publics, environnement et industrie, mécanique-robotique, énergétique industrielle, plasturgie, métrologie-qualité. Les Mines de Douai sont le siège du Centre régional de transfert et d'assistance technologique en productique. De même, les études à l'École nationale supérieure des industries textiles de Mulhouse (ENSITM) dépassent largement le secteur textile, puisque les élèves obtiennent également la licence électronique, électrotechnique, automatisme (EEA).

## LA CHIMIE MÈNE À TOUT

Des éprouvettes et des ballons multicolores, de la fumée, ça va sûrement exploser... C'est ainsi qu'on imagine la chimie. Pour ne pas décevoir les cinéastes qui viennent tourner une scène, les responsables de l'École nationale supérieure de chimie de Paris ont dû aménager un laboratoire selon l'idée du public ! Une idée erronée. Comment en serait-il autrement, puisque même les taupins sont ignorants en la matière ?

La chimie ne se réduit pas à de simples manipulations. Plus qu'un artisanat, c'est une véritable science, et l'informatique fait partie du décor. « La chimie est complexe, dit Jean-Pierre, élève de troisième année à l'École nationale supérieure de chimie de Paris (ENSCP). En prépa, le programme se contente d'être descriptif. Du coup, les taupins trouvent que c'est minable. » C'était bien son opinion mais, de toutes les écoles qui l'admettaient, c'était la meilleure. C'est-à-dire la plus cotée. « J'ai appliqué le classement qu'on m'a mis dans la tête pendant deux ans. » Il ne le regrette pas. Les médicaments, l'essence, le Nylon, les bandes magnétiques, c'est de la chimie. Sans elle, il n'y aurait ni engrais, ni produits de soin et de beauté, ni composants électroniques.

Autre cas, celui de Fabienne : reçue à toutes les ENSI, elle voulait faire de la chimie et c'est le côté généraliste de l'école qui l'a attirée. L'ENSCP refuse en effet de spécialiser ses élèves. À la sortie, ils peuvent choisir la chimie minérale, le génie chimique, la chimie organique ou, pourquoi pas, l'informatique.

# LES SPÉCIALITÉS DES ÉCOLES D'INGÉNIEURS

300, c'est le nombre d'écoles d'ingénieurs habilitées ou non que compte aujourd'hui la France. Réparties sur tout le territoire, elles recouvrent toutes les disciplines scientifiques possibles comme l'automobile, la chimie ou les matériaux, voire l'électronique... De plus, elles ont toutes leur propre vocabulaire pour désigner des enseignements parfois semblables, au moins très proches. Pour bien lire ce tableau, il est donc indispensable de se référer à une grille de lecture précise.

Les différentes écoles d'ingénieurs ont été regroupées au sein d'un tableau disposant de 22 rubriques ou branches de l'enseignement scientifique, parfois subdivisées en sous-rubriques. Deux exemples, dans le thème « agriculture », on trouve cinq sous-catégories : agroalimentaire, agronomie générale, environnement, horticulture, viticulture-œnologie. En revanche, la chimie est une grande rubrique, sans subdivision. Attention, ces 22 branches correspondent non pas aux débouchés proposés à l'issue des écoles, mais aux pans de l'enseignement assurés dans ces mêmes écoles. Nous avons distingué les dominantes des options. Les matières dominantes sont celles pour lesquelles les écoles assurent un nombre d'heures important, 15 % ou plus du nombre total d'heures de cours, réparties sur toutes les années du cursus. À contrario, le terme d'option signifie à la fois les disciplines non obligatoires parmi lesquelles les étudiants peuvent choisir pour compléter ou approfondir leur formation, mais également les matières obligatoires disposant d'un nombre d'heures de cours moindre mais donnant un profil particulier au futur diplômé.

**Un exemple de lecture :**
L'École supérieure des techniques aéronautiques et de construction automobile (ESTACA) possède, comme son intitulé l'indique, l'aéronautique et l'automobile comme dominantes, mais également la mécanique comme son nom ne l'indique pas. Donc, l'ESTACA se trouve classée dans les rubriques « automobile », « génie mécanique » et « aéronautique », sous-rubrique « mécanique-informatique ».

| Orientation | Dominante | Option |
|---|---|---|
| | **Aéronautique** | |
| **Contrôle aérien** | ENAC Toulouse | |
| **Défense/sécurité informatique** | COSAR Paris, COSSAT Paris, EA Salon | |
| **Mécanique/ informatique** | COSAR Paris, COSSAT Paris, EA Salon, EAI TECH Sophia-Antipolis, ENAC Toulouse, ENSAE Toulouse, ENSICA Toulouse, ESTACA Levallois, ISTAE Levallois | ECP Châtenay-Malabry, ENSMA Chasseneuil-du-Poitou, EPF Sceaux, ISEP Paris |
| **Pilote de ligne** | EAI TECH Sophia-Antipolis, ENAC Toulouse | |
| | **Agriculture** | |
| **Agro-alimentaire** | ENESAD Dijon, ENITA Clermont-Ferrand, ENITIAA Nantes, ENSAIA Nancy, ENSAT Toulouse, ENSCR Rennes, ENSMIC Paris, ESAP Toulouse, ESMISAB Brest, IAAL Lille, INAPG Paris, INSFA Rennes, ISAB Beauvais, IST Paris, ITIA Trie-Château, IT2I2A Paris | ECP Châtenay-Malabry, ISA Lille, ISARA Lyon |
| **Agronomie générale** | ENESAD Dijon, ENITA Bordeaux, ENITA Clermont-Ferrand, ENSA.M Montpellier, ENSAIA Nancy, ENSAT Toulouse, ESA Angers, ESAP Toulouse, ESITPA Val-de-Reuil, IAAL Lille, INAPG Paris, ISA Lille, ISAB Beauvais, ISARA Lyon, ISTOM Cergy-Pontoise, ITIA Trie-Château | |
| **Environnement** | ENGEES Strasbourg, INAPG Paris | ENITA Bordeaux, ENITA Clermont-Ferrand, ENSAIA Nancy, ESAP Toulouse, INSFA Rennes, ISAB Beauvais |
| **Horticulture** | ENITHP Angers, ENSAR Rennes, ENSP Versailles, ITIPH Montpellier | INAPG Paris |
| **Viticulturre/œnologie** | | ENITA Bordeaux, ENSA.M Montpellier |
| | **Automobile** | |
| **Automobile** | ESTACA Levallois, ISAT Nevers | ISD Valenciennes |

| Orientation | Dominante | Option |
|---|---|---|
| **Biologie/bio-industrie/biochimie** | | |
| **Biologie/bio-industrie/ biochimie** | CUST Clermont-Ferrand, EAI TECH Sophia-Antipolis, EBI Cergy-Pontoise, ENITA Bordeaux, ENITIAA Nantes, ENSA.M Montpellier, ENSAIA Nancy, ENSAT Toulouse, ENSBANA Dijon, ENSCL Lille, ENSCM Montpellier, ENSCP Paris, ENSIA Massy, ENSIGC Toulouse, ENSMIC Paris, EP Palaiseau, ESBS Strasbourg, ESCOM Cergy-Pontoise, ESGBMA Marseille, ESITPA Val-de-Reuil, ESMISAB Brest, ESTBB Lyon, IAAL Lille, INAPG Paris, INSA Lyon, INSA Toulouse, INSFA Rennes, ISA Lille, ISAB Beauvais, ISARA Lyon, ISE Trappes, ISIM Montpellier, ISTAB Bordeaux, ISTOM Cergy-Pontoise, UTC Compiègne | ECP Châtenay-Malabry, EMSE Saint-Étienne, ENSMP Paris, ESIGEC Chambéry, HEI Lille |
| **Chimie, génie des procédés** | | |
| **Chimie, génie des procédés** | CPE Lyon, EAI TECH Sophia-Antipolis, EBI Cergy-Pontoise, EEIGM Nancy, EHICS Strasbourg, EMAC Albi, ENSCCF Clermont-Ferrand, ENSCL Lille, ENSCM Montpellier, ENSCMu Mulhouse, ENSCP Paris, ENSCPB Bordeaux, ENSCR Rennes, ENSCT Toulouse, ENSIC Nancy, ENSIETA Brest, ENSIGC Toulouse, ENSSPICAM Marseille, EP Palaiseau, ESBS Strasbourg, ESGBMA Marseille, ENSGTI Pau, ESITI Nancy, ESPCI Paris, EST-IPHC Aulnoy-Lez-Valenciennes, ESTIT Villeneuve-d'Ascq, HEI Lille, IMIEP Marseille, INSA Rouen, INSA Toulouse, INSFA Rennes, ISMRA Caen, IST Paris, ITC Lyon, ITECH Lyon, NFI chimie Orsay, UTC Compiègne | EC Lille, ECP Châtenay-Malabry, EMN Nancy, EMSE Saint-Étienne, ENSAIT Roubaix, ENSCI Limoges, ENSITM Mulhouse, ENSMP Paris, ENSTA Paris, ENSTIMA Alès, Institut Galilée Paris |
| **Électronique/génie électrique** | | |
| **Automatique/robotique** | CUST Clermont-Ferrand, ECAM Lyon, EERIE Nîmes, EIC Cherbourg, EIGSI La Rochelle, | |

| Orientation | Dominante | Option |
|---|---|---|
| **Électronique/génie électrique** | | |
| **Automatique/robotique** (suite) | EIPC Longuenesse, EISTI Cergy-Pontoise, EIT Tours, EIVL Blois, ENIBr Brest, ENIM Metz ENSAIS Strasbourg, ENSAM Paris, ENSEEIHT Toulouse, ENSHMG Grenoble, ENSICA Toulouse, ENSIEG Saint-Martin-d'Hères, ENSMA Chasseneuil-du-Poitou, ENSTA Paris, ENSTIMN Nantes, EPMI Cergy-Pontoise, ESA/IGELEC Saint-Nazaire, ESEM Vandoeuvre-lès-Nancy, ESEO Angers, ESIA Annecy, ESIEA Ouest Laval, ESIEA Paris, ESIEE Amiens, ESIEE Noisy-le-Grand, ESIGELEC Rouen, ESME Paris, ESPEO Orléans, ESSAIM Mulhouse, ESSI Nice, ESSTIN Nancy, ESTIT Villeneuve-d'Ascq, ESTP Paris, EUDIL Lille, I3F Le Pontet, ICAM Lille, ICAM Nantes, ICAM Toulouse, IGII Lens, IMERIR Perpignan, INSA Lyon, INSA Rennes, INSA Toulouse, INSIA Paris, IPI Saint-Martin-sur-le-Pré, IPI Verdun, IPSE Belfort, ISEEA Cergy, ISEM Toulon, ISEN Lille, ISIM Montpellier, ISIMA Aubière, IST Vendée, La Roche-sur-Yon, ISTASE Saint-Étienne, ISTN Lille, ISTT Toulouse, ITII Aquitaine, ITII Bourgogne, ITII Champagne-Ardenne, ITII Lyon, Supélec Gif-sur-Yvette, UTC Compiègne | 3IL Limoges, EC Lille, ECE Paris, ECL Lyon, ECN Nantes, ECP Châtenay-Malabry, EIGIP Valenciennes, EMAC Albi, ENIBe Belfort, ENSAE Toulouse, ENSAIT Roubaix, ENSEA Cergy-Pontoise, ENSERB Talence, ENSMM Besançon, ENSMP Paris, ENSTIMD Douai, EPITA Paris, ESIM Marseille, ESSTIB Épinal, HEI Lille, INT Évry, ISEP Paris, ISMEA Marseille, ISMRA Caen, ITIIHN Le Havre, IUSPIM Marseille, IUSTI Marseille |
| **Composants** | CPE Lyon, CUST Clermont-Ferrand, ECE Paris, EERIE Nîmes, ENAC Toulouse, ENIBr Brest, ENSAM Paris, ENSERB Talence, ENSERG Grenoble, ENSICA Toulouse, ENSIETA Brest, ENSSAT Lannion, ENST Paris, ENSTBR Brest, EPMI Cergy-Pontoise, ESA/IGELEC Saint-Nazaire, ESEO Angers, ESIEE Amiens, ESIEE Noisy-le-Grand, ESIGELEC Rouen, ENSPG Grenoble, ENSPM Marseille, ENSPS Illkirch, ENSTA Paris, ESIEA Ouest Laval, ESIEA Paris, ESIM Marseille, ESINSA Valbonne, ESPI Noisy-le-Grand, | ECL Lyon, ECP Châtenay-Malabry, ENSIEG Saint-Martin-d'Hères, ENSMM Besançon, ESSAIM Mulhouse |

| Orientation | Dominante | Option |
|---|---|---|
| **Électronique/génie électrique** | | |
| **Composants** (suite) | EUDIL Lille, FIUPSO Orsay, ICF Marseille, IFITEP Paris, INSA Lyon, INSA Rennes, INSA Toulouse, IRESTE Nantes, ISEB Brest, ISEM Toulon, ISEN Lille, ISEP Paris, ISIM Montpellier, ISMRA Caen, ISTASE Saint-Étienne, ITII PACA, Supélec Gif-sur-Yvette | |
| **Électrotechnique/ Électronique** | CESI Midi-Pyrénées, COSAR Paris, COSSAT Paris, EAI TECH Sophia-Antipolis, ECE Paris, ECL Lyon, EIC Cherbourg, EIVL Blois, ENAC Toulouse, ENIM Metz, ENIT Tarbes, ENSAIS Strasbourg, ENSCPB Bordeaux, ENSEA Cergy-Pontoise, ENSEEIHT Toulouse, ENSIEG Saint-Martin-d'Hères, ENSIL Limoges, ENSIMEV Valenciennes, EPF Sceaux, EPMI Cergy-Pontoise, ESA/IGELEC Saint-Nazaire, ESCPI- Ingénieurs 2000 Champs-sur-Marne, ESPEO Orléans, ENSPM Marseille, ENSSPICAM Marseille, ESEM Vandœuvre-lès-Nancy, ESIL Luminy, ESIM Marseille, EST-IPHC Aulnoy-Lez-Valenciennes, ESTP Paris, HEI Lille, ICAM Lille, ICAM Nantes, ICAM Toulouse, ICF Marseille, ISEB Brest, ISMEA Marseille, ITII Lyon, ITII Alsace ITIIHN Le Havre, ITII PACA, NFI Cachan, Supélec Gif-sur-Yvette | EC Lille, ECP Châtenay-Malabry, EERIE Nîmes, EISTI Cergy-Pontoise, EMAC Albi, ENSAE Toulouse, ENSTIMD Douai, ESM2 Marseille, IUSPIM Marseille |
| **Télécommunications** | ECE Paris, École Louis-de-Broglie Bruz, EFREI Paris, ENAC Toulouse, ENIC Villeneuve-d'Ascq, ENSEEIHT Toulouse, ENSERG Grenoble, ENSIETA Brest, ENST Paris, ENSTBr Brest, EPF Sceaux, ESEAT Rennes-Armées, ESIEE Amiens, ESIEE Noisy-le-Grand, ESIGETEL Avon, ESINSA Valbonne, ESME Paris, ESPI Noisy-le-Grand, ICF Marseille, IFSIC Rennes, INSA Lyon, INSA Rennes, INT Évry, ISEB Brest, ISEEA Cergy, ISEM Toulon, ISEN Lille, ITII Alsace Mulhouse, NFIO Orsay | 3IL Limoges, CPE Lyon, EISTI Cergy- Pontoise, EN Brest, ENSAE Toulouse, ENSAE Cergy-Pontoise ENSERB Talence, ENSIEG Saint-Martin-d'Hères, ENSTA Paris, ESEO Angers, ESIEA Ouest Laval, ESIEA Paris, ESIGELEC Rouen, ESIM Marseille, ESO Orsay, ESSI Nice, FIUPSO Orsay, IFITEP Paris, ISEP Paris, ISMEA Marseille, ISMRA Caen, IST Paris, Supélec Gif-sur-Yvette |

| Orientation | Dominante | Option |
|---|---|---|
| **Environnement** | | |
| **Aménagement** | EIVP Paris, ENPC Paris, ENSHMG Grenoble, ENTM Vaulx-en-Velin, ENTPE Vaulx-en-Velin, EPF Sceaux, ESGT Évry, ITIAPE Genech | EMN Nancy, ENGREF Nancy, ENSG Nancy, ENSG Saint-Mandé, ISAB Beauvais |
| **Eau** | EAI TECH Sophia-Antipolis, ENGEES Strasbourg, ENSHMG Grenoble, ENSIL Limoges, ESIP Poitiers, INAPG Paris, ISIM Montpellier | EIVP Paris, ENGREF Nancy, ENSEEIHT Toulouse, ESIGEC Chambéry, INSA Toulouse, ISE Trappes |
| **Écologie** | EAI TECH Sophia-Antipolis, EME Rennes, ENGEES Strasbourg, ENGREF Nancy, ENITA Bordeaux, ENSA.M Montpellier, ESEM Orléans, INAPG Paris, ISE Trappes, ISUPFERE Paris | EMAC Albi, ENITA Clermont-Ferrand, ENSAIA Nancy, ENSTIMD Douai, ESIGEC Chambéry |
| **Chimie et environnement** | ESIGEC Chambéry | ENSCM Montpellier, ENSCMu Mulhouse, INSA Lyon |
| **Ressources forestières** | ENGREF Nancy, ENSTIB Épinal, ESB Nantes | ENITA Bordeaux, ESA Angers |
| **Sol** | ENSA.M Montpellier, ENSAT Toulouse, ENSG Nancy, ENSG Saint-Mandé, EOGPS Strasbourg, ESIP Poitiers, ESITPA Val-de-Reuil, ISTG Grenoble | EIVP Paris, EMN Nancy, EMSE Saint-Étienne, ENSMP Paris, ENSTIMA Alès, ISARA Lyon, ISTOM Cergy-Pontoise |
| **Sécurité et environnement** | ISTG Grenoble | ENSTIMD Douai, ESIGTI Pau, UTT Troyes |
| **Génie civil/BTP** | | |
| **Génie civil/BTP** | CUST Clermont-Ferrand, EAI TECH Sophia-Antipolis, EIVP Paris, ENISE Saint-Étienne, ENPC Paris, ENSAIS Strasbourg, ENSHMG Grenoble, ENTM Vaulx-en-Velin, ENTPE Vaulx-en-Velin, ESGM Versailles, ESGT Évry, ESIGEC Chambéry, ESTP Cachan, ESTP Caen, ESTP Metz, ESTP Paris, EUDIL Lille, INSA Lyon, INSA Rennes, INSA Toulouse, IST-BTP Amiens, ITII Champagne-Ardenne, ITII Georges-Besse Clermont | EC Lille, ECL Lyon, ECN Nantes, ECP Châtenay-Malabry, EMN Nancy, ENSTIMA Alès, ENSTIMD Douai, EPF Sceaux, ESIP Poitiers, HEI Lille, ISTG Grenoble |
| **Génie industriel** | | |
| **Appliqué au secteur alimentaire** | ESA Angers, ESMISAB Brest, INSFA Rennes, ISTAB Bordeaux, IT2I2A Paris | ENSIA Massy, ISARA Lyon, ESIGTI Pau |

| Orientation | Dominante | Option |
|---|---|---|
| | **Génie industriel** | |
| **Études, conception et conduite de projets** | CEFIPA Gentilly, ECAM Lyon, École Louis-de-Broglie Bruz, EIGIP Valenciennes, ENISE Saint-Étienne, ENSGI Grenoble, ENSGSI Villers-lès-Nancy, ENSTIMN Nantes, EPMI Cergy-Pontoise, ESCPI-Ingénieurs 2000 Champs-sur-Marne, ESIAL Nancy, ESIEC Reims, ESIM Marseille, ESPI Noisy-le-Grand, EST-IPHC Aulnoy-Lez-Valenciennes, IGII Lens, INFITL Aix-en-Provence, INSA Lyon, ITII Champagne-Ardenne, ITII Picardie, IUSPIM Marseille, NFI ITAM Évry, UTT Troyes | EC Lille, ECN Nantes, ECP Châtenay-Malabry, EMAC Albi, EMSE Saint-Étienne, ENIBe Belfort, ENIM Metz, ENSHMG Grenoble, ENSIEG Saint-Martin-d'Hères, ENSMP Paris, ENST Paris, ISD Valenciennes, UTC Compiègne |
| **Maintenance industrielle** | CEFIPA Gentilly, École Louis-de-Broglie Bruz, EIGIP Valenciennes, EIVL Blois, ENPC Paris, EPMI Cergy-Pontoise, ESCPI-Ingénieurs 2000 Champs-sur-Marne, ESPI Noisy-le-Grand, ESSTIN Nancy, EST-IPHC Aulnoy-Lez-Valenciennes, ISIV Valenciennes, ITII Alsace, ITII Aquitaine, ITII Bourgogne, ITII Champagne-Ardenne, ITIIHN Le Havre, UTT Troyes | ENSHMG Grenoble, ESIA Annecy, I3F Le Pontet, ISTP Saint-Étienne, ITII Picardie |
| **Organisation et gestion de la production** | CEFIPA Gentilly, CESIA Mont-Saint-Aignan, CESTI Saint-Ouen, CESTI Toulon, ECAM Lyon, École Louis-de-Broglie Bruz, EIA La Couronne, EIGIP Valenciennes, EIPC Longuenesse, EIT Tours, EIVL Blois, ENIT Tarbes, ENPC Paris, ENSGI Grenoble, ENSGSI Villers-lès-Nancy, ENSTIMN Nantes, EPMI Cergy-Pontoise, ESIEC Reims, ESPI Noisy-le-Grand, ESSTIN Nancy, EST-IPHC Aulnoy-Lez-Valenciennes, ICF Marseille, IGII Lens, INFITL Aix-en-Provence, INSA Lyon, IPI Saint-Martin-sur-le-Pré, IPI Verdun, ISIV Valenciennes, ISTIM Metz, ISTP Saint-Étienne, ITII Alsace Mulhouse, ITII Aquitaine, ITII Bourgogne, ITII Champagne-Ardenne, ITII des 2 Savoies Annecy, ITII Georges-Besse Clermont, ITII Lyon, ITII Picardie, ITII Poitou-Charente, ITIIHN Le Havre, IUSPIM Marseille, NFI-USTL Lille, UTT Troyes | 3IL Limoges, EC Lille, ECN Nantes, ECP Châtenay-Malabry, ECAM Albi, EMSE Saint-Étienne, ENIBe Belfort, ENIM Metz, ENSHMG Grenoble, ENSIEG Saint-Martin-d'Hères, ENST Paris, EPF Sceaux, ESGI Paris, ESIA Annecy, ESITI Nancy, IFMA Aubières, IMERIR Perpignan, ISEP Paris, ISTIL Villeurbanne |

| Orientation | Dominante | Option |
|---|---|---|
| | **Génie maritime** | |
| **Génie maritime** | EN Brest, ENSIETA Brest, ENSTA Paris, ENTM Vaux-en-Velin, ESIM Marseille, ISITV Toulon | ECN Nantes, ECP Paris, ENSTA Paris |
| | **Génie mécanique** | |
| **Génie mécanique** | CESI Midi-Pyrénées, CESTI Saint-Ouen, CESTI Toulon, COSAR Paris, COSSAT Paris, EAI TECH Sophia-Antipolis, ECAM Lyon, ECL Lyon, EIC Cherbourg, EIGSI La Rochelle, EIPC Longuenesse, EIT Tours, EIVL Blois, EMAC Albi, ENIBe Belfort, ENIM Metz, ENISE Saint-Étienne, ENIT Tarbes, ENSAE Toulouse, ENSAIS Strasbourg, ENSAM Paris, ENSEEIHT Toulouse, ENSEM Vandœuvre-lès-Nancy, ENSHMG Grenoble, ENSICA Toulouse, ENSIETA Brest, ENSIMEV Valenciennes, ENSMA Chasseneuil-du-Poitou, ENSMM Besançon, ENSTA Paris, ENSTIMD Douai, ENTM Vaux-en-Velin, EP Palaiseau, EPF Sceaux, ESCPI-Ingénieurs 2000 Champs-sur-Marne, ESIA Annecy, ESM2 Marseille, ESSTIN Nancy, ESTACA Levallois, EST-IPHC Aulnoy-Lez-Valenciennes, ESTIT Villeneuve-d'Ascq, ESTP Paris, EUDIL Lille, HEI Lille, I3F Le Pontet, ICAM Lille, ICAM Nantes, ICAM Toulouse, IFMA Aubière, INSA Lyon, INSA Rouen, INSA Toulouse, IPSA Bagnolet, IPSE Belfort, ISAT Nevers, ISGTA Nantes, ISIAF Lille, IST Vendée, La Roche-sur-Yon, ISTAE Levallois, ISTIL Villeurbanne, ISTIM Metz, ISTN Lille, ISTT Toulouse, ITII Alsace, ITII Aquitaine, ITII Bourgogne, ITII Champagne-Ardenne, ITII des 2 Savoies Annecy, ITII Lyon, ITII PACA, ITII Picardie, ITIIHN Le Havre, IUSTI Marseille, UTC Compiègne, UTT Troyes | EC Lille, ECN Nantes, ECP Châtenay-Malabry, ENSAIT Roubaix |
| | **Informatique** | |
| **Informatique de gestion** | | EC Lille, ESGI Paris |

| Orientation | Dominante | Option |
|---|---|---|
| | **Informatique** | |
| **Informatique générale** | 3IL Limoges, CESTI Saint-Ouen, CESTI Toulon, CUST Clermont-Ferrand, EAI TECH Sophia-Antipolis, ECE Paris, ECL Lyon, EERIE Nîmes, EFREI Paris, EIPC Longuenesse, EISTI Cergy-Pontoise, EIT Tours, EMSE Saint-Étienne, ENAC Toulouse, ENPC Paris, ENSAM Paris, ENSCM Montpellier, ENSCP Paris, ENSCPB Bordeaux, ENSEA Cergy-Pontoise, ENSEEIHT Toulouse, ENSERB Talence, ENSIA Massy, ENSIGC Toulouse, ENSIMAG Grenoble, ENSPS Illkirch, ENSSPICAM Marseille, ENST Paris, ENSTBr Brest, ENSTIMN Nantes, ENTM Vaulx-en-Velin, ENTPE Vaux-en-Velin, EP Palaiseau, EPF Sceaux, EPITA Paris, EPSI Arras, EPSI Bordeaux, EPSI Montpellier, EPSI Paris, ESCPI-Ingénieurs 2000 Champs-sur-Marne, ESEAT Rennes-Armées, ESGBMA Marseille, ESGI Paris, ESI Montreuil-sous-Bois, ESIAL Nancy, ESIEA Ouest Laval, ESIEA Paris, ESIEE Amiens, ESIEE Noisy-le-Grand, ESIGELEC Rouen, ESIGETEL Avon, ESIL Luminy, ESITCOM Noisy-le-Grand, ESPEO Orléans, ESSI Nice, IFSIC Rennes, IIE Aulnoy-lez-Valenciennes, IIE Évry, IMERIR Perpignan, INSA Lyon, INSA Rennes, IPSE Belfort, ISARA Lyon, ISEB Brest, ISEP Paris, ISIM Montpellier, ISIMA Aubière, IST Paris, ISUPFERE Paris, ISTY Versailles, NFI ITAM Évry, NFI Orsay, UTC Compiègne | EC Lille, ECP Châtenay-Malabry, EMN Nancy, ENSMP Paris, ENSTIMA Alès, ESEO Angers, IFITEP Paris, IMA Angers, INAPG Paris, INSA Rouen, INT Évry, ISEM Toulon, ISEN Lille, Supélec Gif-sur-Yvette |
| **Informatique industrielle** | CUST Clermont-Ferrand, E3I Tours, ECAM Lyon, École Louis-de-Broglie Bruz, EIGIP Valenciennes, EIGSI La Rochelle, EISTI Cergy-Pontoise, ENIBr Brest, ENSAIS Strasbourg, ENSMA Chasseneuil-du-Poitou, ENSSAT Lannion, ENSTA Paris, ESA/IGELEC Saint-Nazaire, ESIA Annecy, ESIAL Nancy, ESIL Luminy, ESIM Marseille, ESPI Noisy le Grand, ESSAIM Mulhouse, ESSI Nice, EST-IPHC Aulnoy-Lez-Valenciennes, ESTIT | CPE Lyon, EC Lille, ECAM Lyon, ECL Lyon, ECN Nantes, EMN Nancy, ENIM Metz, ENIT Tarbes, ENSEA Cergy-Pontoise, ENSERB Talence, ENSGI Grenoble, ENSHMG Grenoble, ENSPS Illkirch, ESEM Vandœuvre-lès-Nancy, ENSIEG Saint-Martin-d'Hères, EPITA Paris, ESIEA Ouest Laval, ESIEA Paris, ESME Paris, ESSTIN |

| Orientation | Dominante | Option |
|---|---|---|
| **Informatique** | | |
| **Informatique industrielle** (suite) | Villeneuve-d'Ascq, EUDIL Lille, FIUPSO Orsay, HEI Lille, IGII Lens, IIE Aulnoy-lez-Valenciennes, IIE Évry, INSA Lyon, INSA Toulouse, INSIA Paris, IPSE Belfort, IRESTE Nantes, ISEEA Cergy, ISGTA Nantes, ISIM Montpellier, ISIMA Aubière, ISMEA Marseille, ISMRA Caen, ISTG Grenoble, ITII Alsace, ITII Bourgogne, UTC Compiègne, UTT Troyes | Nancy, ICAM Lille, ICAM Nantes, ICAM Toulouse, IFITEP Paris, INSA Rennes, IUSPIM Marseille, Supélec Gif-sur-Yvette |
| **Matériaux** | | |
| **Matériaux** | CESTI Saint-Ouen, CESTI Toulon, CUST Clermont-Ferrand, ECL Lyon, École Louis-de-Broglie Bruz, EEIGM Nancy, EIC Cherbourg, EMAC Albi, ENIT Tarbes, ENSAIS Strasbourg, ENSCCF Clermont-Ferrand, ENSCI Limoges, ENSCL Lille, ENSCT Toulouse, ENSIL Limoges, ENSPG Grenoble, EPF Sceaux, ESIM Marseille, ESITI Nancy, ESP Bellignat, ESSTIN Nancy, EUDIL Lille, FIRST Dijon, I3F Le Pontet, INSA Rennes, INSA Toulouse, Institut Galilée Paris, ISIM Montpellier, ISITEM Nantes, ISITV Toulon, ISMANS Le Mans, ISMRA Caen, IST Paris, ISTCV Limoges, IST-EMP Valbonne, ISTG Grenoble, ISTIL Villeurbanne, ITECH Lyon, ITII Aquitaine, UTC Compiègne | CPE Lyon, ECAM Lyon, ECN Nantes, ECP Châtenay-Malabry, EHICS Strasbourg, EMN Nancy, EMSE Saint-Étienne, ENIM Metz, ENSCM Montpellier, ENSCMu Mulhouse, ENSCPB Bordeaux, ENSIGC Toulouse, ENSMA Chasseneuil-du-Poitou, ENSMP Paris, ENSMM Besançon, ENSTIB Épinal, ENSTIMA Alès, ENSTIMD Douai, ESIP Poitiers, ICAM Lille, ICAM Nantes, ICAM Toulouse, IUSTI Marseille |
| **Mathématiques appliquées** | | |
| **Mathématiques appliquées** | CUST Clermont-Ferrand, École Louis-de-Broglie Bruz, E3I Tours, EAI TECH Sophia-Antipolis, EIPC Longuenesse, EIT Tours, ENPC Paris, ENSEEIHT Toulouse, ENSSPICAM Marseille, ENSIGC Toulouse, ENSIMAG Grenoble, EP Palaiseau, EPMI Cergy-Pontoise, ESGBMA Marseille, IIE Évry, IMA Angers, INSA Rouen, INSA Toulouse, Institut Galilée Paris, ISEB Brest, ISIMA Aubière, ISITV Toulon, ISTIL Villeurbanne | ECP Châtenay-Malabry, ENSMP Paris, INAPG Paris |
| **Météorologie** | | |
| **Météorologie** | ENM Toulouse | |

| Orientation | Dominante | Option |
|---|---|---|
| | **Nucléaire** | |
| **Nucléaire** | ENSPG Grenoble, | ENSMP Paris, ENSTA Paris, ISITEM Nantes |
| | **Optique** | |
| **Optique** | ENSPG Grenoble, ENSPM Marseille, ENSSAT Lannion, ESO Orsay, ESPEO Orléans, NFIO Orsay | ENSTBR Brest, FIRST Dijon, Supélec Gif-sur-Yvette |
| | **Papeterie** | |
| **Papeterie** | EFPG Grenoble | ENGREF Nancy |
| | **Physique** | |
| **Physique** | CESTI Saint-Ouen, CESTI Toulon, CUST Clermont-Ferrand, EAI TECH Sophia-Antipolis, EMSE Saint-Étienne, ENSCP Paris, ENSMP Paris, ENSPG Grenoble, ENSPS Illkirch,, EP Palaiseau, EPMI Cergy-Pontoise, ESIP Poitiers, ESP Bellignat, ESPCI Paris, ESPEO Orléans, FIRST Dijon, INSA Lyon, INSA Rennes, INSA Toulouse, ISE Trappes, ISEB Brest, ISITEM Nantes, IST-EMP Valbonne, ISTASE Saint-Étienne, ISTT Toulouse, ITII Alsace, IUSTI Marseille, NFIO Orsay, UTC Compiègne | EMN Nancy, ENSSAT Lannion, ESSTIN Nancy, ISEM Toulon, ISEN Lille, ITECH Lyon |
| | **Techniques militaires** | |
| **Air** | EA Salon, ENSIETA Brest | |
| **Mer** | EN Brest, ENSIETA Brest | |
| **Terre** | COSAR Paris, COSSAT Paris, ENSIETA Brest, ESEAT Rennes-Armées, ESGM Versailles, ESM Coëtquidan | |
| | **Télécommunications** | |
| **Télécommunications** | École Louis-de-Broglie Bruz, ENIC Villeneuve-d'Ascq, ENST Paris, ENSTBR Brest, ESIEE Amiens, ESIEE Noisy-le-Grand, ESIGETEL Avon, ESIM Marseille, ESITCOM Noisy-le-Grand, IFSIC Rennes, Institut Galilée Paris, INT Évry, ISEEA Cergy-Pontoise, SITV Toulon | ECE Paris, ENSERB Talence, ENSERG Grenoble, EPITA Paris, ESIGELEC Rouen, ISEP Paris |
| | **Textile** | |
| **Textile** | ENSAIT Roubaix, ENSITM Mulhouse, ESITE Épinal, ESTIT Villeneuve-d'Ascq, ITECH Lyon | ENSCMu Mulhouse |

# LES UNES CHERCHENT, LES AUTRES PAS

Pendant longtemps, la recherche a été l'apanage des universités et des organismes tels que le Centre national de la recherche scientifique (CNRS), tandis que les écoles d'ingénieurs se consacraient avant tout à leur mission de formation. L'insuffisance de la recherche dans les écoles a été souvent dénoncée. « Du point de vue d'un élève, explique Claude Maury, secrétaire général du Comité d'études sur les formations d'ingénieurs (CEFI), il est plus intéressant d'évaluer le volume de contrats avec l'industrie que de compter le nombre de chercheurs ou de laboratoires. C'est une garantie de dialogue avec les entreprises. »

« Le développement de la recherche doit permettre d'inculquer aux élèves ingénieurs une meilleure aptitude à l'innovation ainsi qu'une vision dynamique du savoir en perpétuelle évolution, explique-t-on au ministère de la Recherche. Par le biais des contrats, elle permet aussi de tisser des liens avec les entreprises. C'est alors une vitrine de l'école. Toutes les écoles ne sont pas logées à la même enseigne. Les unes ont une longue tradition en la matière, d'autres s'y sont mises avec succès plus tard. Enfin dans certains établissements, la recherche est inexistante. »

## UN CRITÈRE POUR CHOISIR ?

L'importance de la recherche dans une école devrait-elle être un critère de choix ? Claude Maury nous donne son point de vue : « On peut, jusqu'à un certain niveau, assurer un enseignement de grande qualité sans recherche. La formation initiale, jusqu'au niveau bac+4, peut se développer sur des bases traditionnelles. Mais pour l'avenir de l'industrie française, il serait souhaitable qu'une fraction importante des ingénieurs ait acquis l'esprit de la recherche, sa démarche, ses méthodes. Face à une évolution rapide et imprévisible des technologies, on a besoin d'ingénieurs peut-être moins formés professionnellement, mais capables de développer des approches nouvelles. »

« La recherche est un antidote à la tentation d'une formation trop exclusivement professionnelle. C'est un élément dérangeant qui permet aux élèves de saisir la dimension des méthodes expérimentales, de prendre la mesure entre le connu, l'inconnu et le mal connu. Comme les relations internationales, la recherche est un bon révélateur de la vitalité d'une école, une vitalité ouverte sur l'extérieur. »

Le mathématicien Laurent Schwartz estime que tous les ingénieurs devraient recevoir « une petite formation par la recherche ». Il propose que les écoles ne se contentent pas de stages en entreprise, mais organisent aussi des stages en laboratoire. Selon le classement du CEFI, les écoles peuvent se répartir en trois groupes : celles qui font de la recherche depuis toujours, celles qui en font depuis peu et celles qui en font peu ou pas du tout.

## LES TÊTES « CHERCHEUSES »

Au premier rang, les écoles pionnières, celles pour lesquelles la recherche a été inscrite dès le début dans les statuts. Leurs enseignants ont le statut de professeur de l'enseignement supérieur et leurs carrières impliquent des travaux de recherche. Ce groupe comprend les trois instituts nationaux polytechniques de Grenoble, Nancy et Toulouse, les INSA, les ENSI et l'UTC. L'ESPCI (dite PC) appartient à cette famille. C'est dans ses murs que les Curie ont découvert le radium et deux de ses membres viennent de recevoir le prix Nobel de physique : Pierre-Gilles de Gennes, le directeur, et Georges Charpak, professeur honoraire.

Une chaire d'enseignant-chercheur permet d'accueillir une personnalité scientifique étrangère de renommée internationale. Une quinzaine de brevets sont déposés chaque année. Laurent Schwartz salue « cette heureuse exception ». « C'est une école construite autour de l'idée de formation par la recherche et dont tous les élèves préparent un diplôme d'études approfondies (DEA). Mais elle ne bénéficie pas de la même considération auprès des taupins que d'autres écoles dont la formation reste plus scolaire », dit-il.

Les ENSI de chimie ont un potentiel de recherche plutôt bon. À l'ENSCP, par exemple, les chercheurs sont presque aussi nombreux que les élèves. L'école compte une quinzaine de laboratoires : de l'informatique à la biochimie en passant par la chimie organique. « Les élèves ont accès aux matériels les plus performants. Ils sont encouragés à visiter les laboratoires, à prendre des contacts avec les chercheurs. C'est une possibilité quasi unique dans une petite école. En troisième année, la microthèse s'oriente soit vers la recherche fondamentale à l'intérieur d'un labo de l'école, soit vers la recherche industrielle », explique un professeur de l'ENSCP.

Depuis leur création, les INSA font la part belle à la recherche. À Lyon, plus de 700 chercheurs et techniciens occupent 36 laboratoires. C'est l'un des plus importants complexes français de recherche appliquée. À son actif : un système automatique de détection des anomalies dans les électrocardiogrammes, un procédé de détection de bulles dans le sang des plongeurs...

## LES NOVATRICES

Le deuxième groupe est constitué par « les nombreuses écoles qui ont longtemps donné la primauté au projet de formation et qui ont été handicapées par une faiblesse relative en dotations de base, quand elles ont choisi de "jouer" l'orientation recherche ».

Remarquons deux réussites exemplaires dans cette catégorie : les Mines de Paris et Centrale Lyon, qui figurent en tête de toutes les écoles par l'importance de leurs contrats, au point de passer maintenant à la création de sociétés satellites.

L'École des mines de Paris compte 18 centres de recherche (ce qui représente au total, 910 personnes) dont celui de Sophia-Antipolis. « L'École apporte une contribution importante dans des domaines d'une actualité brûlante. La prospection minière, la connaissance des mécanismes de formation des minerais, les méthodes d'exploitation et de valorisation des substances naturelles sont des outils fondamentaux pour une gestion rationnelle des ressources en matières premières. Il n'est pas nécessaire de souligner l'importance des études destinées à économiser l'énergie et à promouvoir de nouvelles sources. Dans ce domaine, les progrès sont la plupart du temps liés à la mise au point de matériaux nouveaux ou à l'amélioration de matériaux que nous connaissons encore mal. »

## DES SITUATIONS CONTRASTÉES

En queue de peloton, le troisième groupe : les écoles qui font peu ou pas du tout de recherche. Les écoles nationales d'ingénieurs (ENI), les écoles nationales d'ingénieurs des travaux agricoles (ENITA), les écoles privées en cinq ans, les écoles du groupe Arts et Métiers ont très peu de chercheurs. Mais pour Claude Maury, « les situations ne sont pas figées. L'ENI de Tarbes a ainsi développé depuis cinq ou six ans un projet de recherche et d'assistance technique qui s'est appuyé sur l'installation à l'école d'une antenne de l'Agence nationale pour le développement de la production automatisée (ADEPA) ».

« Le cas de l'ENSAM est de même nature. Elle a longtemps été handicapée par le statut de ses enseignants (agrégés du technique) qui ont une charge d'heures importante sans obligation de recherche. L'ENSAM a pourtant développé, sur la base de contrats passés avec l'industrie, une activité de recherche intéressante et novatrice. Un troisième exemple est celui de l'ex-ENSTIMD (Mines de Douai) qui a mis au point un modèle original de développement. Il faut se rappeler que le second a souvent plus d'imagination et de vitalité que le premier. »

# LA COTE DES ÉCOLES

Même si toutes les écoles se baptisent « grandes », il existe une hiérarchie entre elles. Les entreprises les classent généralement en quatre catégories. Cette grille dépend du secteur et de ses métiers. À l'intérieur d'un même groupe, elle varie parfois d'une entreprise à l'autre. C'est pourquoi il est hasardeux de tracer des frontières définitives entre les catégories.

Les élèves accordent trop d'importance à la cote et reproduisent les choix de leurs aînés. Le prestige d'une école est fait d'éléments objectifs (le niveau du recrutement et la durée des études) et d'éléments plus flous. L'image est entretenue par le nombre d'anciens élèves en poste dans les entreprises. Les écoles les plus anciennes sont donc avantagées. Mais de nouvelles écoles montent auprès des employeurs. L'INSA de Lyon a su s'imposer et l'UTC grimpe. C'est en début de carrière que l'écart de salaire se fait sentir. Après, à chacun de jouer, même si certains ont de meilleures cartes ; et la carte maîtresse s'appelle personnalité.

## LES GRANDES ET LES « PETITES » ÉCOLES

Parmi les différentes écoles habilitées à délivrer le titre d'ingénieur, il n'y en a pas de mauvaises. Mais les mettre toutes sur le même plan serait abusif. On classe généralement les écoles en quatre groupes : les très grandes (A), les grandes (B), les moyennes (C) et les petites (D). Les écoles en quatre ans appartiennent au groupe D.

Dans le groupe A, on trouve les écoles des concours communs traditionnels qui recrutent les meilleurs élèves. Mais la difficulté des épreuves crée aussi une image d'excellence qui estompe le contenu de la formation. Les « très grandes » sont anciennes, souvent parisiennes (toutes les entreprises ne classent pas les Mines de Nancy et de Saint-Étienne en A), publiques et dites « généralistes ». Apprécier le côté plus ou moins généraliste d'une école est une entreprise délicate. Supélec et Telecom sont considérées comme plus généralistes que d'autres écoles d'électronique. Beaucoup d'établissements de ce groupe sont des écoles d'application de l'X.

La classification des écoles est sans doute plus rigide dans le secteur public. Ainsi, dans cette grande entreprise, les responsables de services tiennent à recruter en priorité des ingénieurs des groupes A ou B. Parce qu'ils connaissent ces écoles, peut-être pour en être eux-mêmes sortis. Un responsable du personnel fait la constatation suivante : « Nous voyons autant de candidats compétents dans les groupes B, C, ou D que dans le groupe A. Chaque ingénieur du groupe D qui est envoyé dans une unité à la place d'un A, d'un B ou d'un C et qui fait l'affaire est une victoire pour nous. »

## LA COTE N'EST PAS IMMUABLE

Dans le privé, les grilles évoluent plus vite. IBM classe les écoles en trois groupes, selon la difficulté de la préparation et la qualité des ingénieurs recrutés. « Ce sont les diplômés qui font la renommée de leur école. Deux écoles du groupe C, HEI et l'ESIEE, sont ainsi montées dans le groupe B. » La cote d'une école peut donc varier d'une promotion à l'autre.

Jean-Pierre Doury, conseil en recrutement (cabinet Alexandre-Tic), dégage quelques tendances dans le secteur privé. « Quatre écoles ont actuellement une excellente cote auprès de l'industrie. Il s'agit de Centrale, de Supélec, de l'ENSAM et de l'INSA de Lyon. Au moment de la création de ce dernier, les entreprises étaient sceptiques, mais il a su s'imposer. »

## ■ Le prestige évolue avec le dynamisme de l'école

Deux critères qui, jusque-là, étaient prépondérants semblent perdre, aux yeux de Jean-Pierre Doury, un peu d'importance. Le prestige attaché aux écoles d'application de l'X et au recrutement sur prépas. Parmi les écoles qui « grimpent », trois recrutent au niveau du baccalauréat : l'UTC, l'ECAM et l'ICAM. Pour lui, « par la continuité de sa politique, par son ouverture sur le monde économique, le directeur joue un rôle majeur dans la réputation d'une école ».

Tout dépend, enfin, du poste dont on rêve. Polytechnique et ses écoles d'application sont de bons tremplins pour les hauts postes de l'administration et du secteur public. Mais les entreprises privées recherchent aussi ces profils pour certaines fonctions. Les travaux publics, l'armement ou les Telecom vivent en grande partie des commandes de l'État.

Pour Jean-Pierre Doury, « un Telecom ou un Supélec se valent pour un poste en études. Mais Supélec passe en tête dès que le poste a une dimension industrielle ». IBM confie les postes d'études aux Supélec et aux Telecom (Paris et Bretagne) et les postes de production aux Supélec, ESIEE, ENSERG, ENSEEIHT, ISEP, ISEN, ESIEA.

Dans le discours des entreprises, la personnalité prime sur l'école. Mais rares sont celles qui ne pratiquent aucune discrimination salariale. Le salaire annuel médian d'embauche (salaire brut) varie de 179 000 F pour l'ESTP et l'EPF à 203 000 F pour l'École polytechnique, 204 000 F pour l'ENSTA et 214 000 F pour les Ponts et Chaussées (source : *l'Expansion,* « La cote des débutants », 30 mars 1993). Au fil des années, les différences s'estompent. À chacun de faire ses preuves. Pour Jean-Pierre Doury, « le passé proche prend peu à peu le pas sur le passé lointain ».

PARTIE 3

# ÉTUDIER ET VIVRE DANS UNE ÉCOLE

Une gamme de matières étendue, des contacts étroits avec le monde professionnel ; ces deux caractéristiques communes aux écoles masquent la grande variété des pédagogies : cours obligatoires ou non, contrôle continu ou examens en fin d'année, autonomie dans le cursus, durée des stages. On peut noter deux évolutions dans la plupart des écoles d'ingénieurs : l'introduction d'options « économie » ou « gestion », et la pratique de plus en plus fréquente de deux langues étrangères.

Il reste heureusement du temps pour les activités extrascolaires qui vont du sport à la musique, en passant par l'organisation de voyages d'études et de forums. Les écoles d'ingénieurs se sont dotées, tout comme les écoles de commerce, de junior entreprises qui exécutent de véritables contrats d'études ou de réalisation pour le compte d'entreprises. Enfin, dans la majorité des écoles, la dernière année comprend la réalisation d'un projet d'études mené en collaboration avec une entreprise.

SOMMAIRE

# LA SCOLARITÉ

La principale caractéristique des écoles est la polyvalence : trente à trente-cinq heures de cours par semaine consacrées à des disciplines diverses et variées. Forts en mathématiques, au fait des dernières technologies, bilingues et pourquoi pas trilingues, lecteurs réguliers des pages économiques du *Monde*, bons orateurs et bons rédacteurs… vous deviendrez des supermen ! On travaille plus dans les écoles d'ingénieurs que ne l'espèrent les taupins. Il arrive même qu'on redouble… À chaque école sa pédagogie.

Qu'apprend-on dans les écoles ? Beaucoup de choses, bien sûr ! On ne se cantonne jamais à une ou deux disciplines. La gamme des matières enseignées dans un cursus d'ingénieur est étendue. On peut distinguer trois volets dans la formation. En premier lieu une formation théorique qui couvre les sciences fondamentales et les sciences de l'ingénieur (mathématiques, physique, mécanique, chimie, électronique, informatique), dans le droit fil des classes préparatoires. Ensuite une formation appliquée dans le cadre de laboratoires, de bureaux d'études et d'ateliers. Enfin, des disciplines non techniques, telles que les langues et l'économie. Ces trois ingrédients sont communs à tous les établissements. Mais leur proportion varie d'une école à l'autre, aboutissant à un cocktail maison. Le tableau du Comité d'études des formations d'ingénieurs, présenté page suivante, montre l'importance différente accordée à trois types d'enseignement. « On se trouve en présence de deux philosophies : dans les écoles à recrutement M, M', P, P' (futures MP, MPT, PC, PSI, avec ou sans étoile), qui sont supposées produire le niveau d'ingénieur le plus élevé, l'accent est mis sur les sciences fondamentales, à l'opposé de ce qui se passe en Suisse ou même dans les autres modèles français. »

Les travaux pratiques (TP) varient selon la matière dominante. TP de béton, de géologie à l'École supérieure de travaux publics (ESTP). Les étudiants fréquentent aussi le laboratoire de stéréorestitution, où deux photos aériennes prises sous deux angles différents se combinent pour donner une impression de relief. L'appareil permet ensuite de tracer des plans.

## RÉPARTITION DES ENSEIGNEMENTS DANS LES ÉCOLES DE MÉCANIQUE

**Les écoles en trois ans qui recrutent à l'issue des classes préparatoires M, M', P, P' (futures MP, MPT, PC et PSI, avec ou sans étoile) privilégient les sciences fondamentales. À l'inverse, l'ENI de Tarbes (ENIT) favorise les sciences appliquées. L'ENSAM, l'INSA et l'ENIT sont plus proches du modèle suisse que des écoles de la première colonne. Les chiffres des écoles nécessitant une prépa M, M', P ou P' et de l'ENSAM incluent les horaires des classes prépas.**

| Écoles / Enseignement | Écoles françaises, accès avec prépas M, M', P, P' | École polytechnique de Lausanne | ENSAM | INSA | ENIT |
|---|---|---|---|---|---|
| Sciences fondamentales et outils de calcul | 50-55 % | 33 % | 34 % | 36-46 % | 24 % |
| Sciences appliquées<br>• dont mécanique | 25-30 %<br>17-23 % | 62 %<br>46 % | 53 %<br>39-42 % | 42-45 %<br>48 % | 63 % |
| Enseignement non technique | 17-20 % | 5 % | 13 % | 12 % | 13 % |

*Source : CEFI.*

« L'accent est mis sur les enseignements expérimentaux, c'est l'une des caractéristiques de notre école, dit un professeur de l'ENSCP. Ils représentent 45 % de la formation. » Au début, les manipulations sont simples. L'élève fait un rapport, explique ce qu'il a trouvé et les problèmes qu'il a rencontrés. En deuxième année, il doit, par exemple, synthétiser une molécule. À lui de trouver la documentation et le matériel. Au cours de la troisième année, il se consacre à un travail original de recherche.

À l'Institut supérieur d'électronique de Paris (ISEP), les expérimentations en laboratoire occupent de huit à dix heures par semaine dans le cycle ingénieur. Au début, c'est simple, on effectue des mesures sur des sujets vus en cours et on fait des schémas ; ensuite, les élèves peuvent avoir à réaliser des appareils, par exemple un filtre qui a telles ou telles caractéristiques, qui laisse passer telles ou telles fréquences. Les TP démontrent les écarts qui existent entre la théorie et la pratique. Chaque TP nécessite deux ou trois heures de préparation et donne lieu à un compte rendu.

Au-delà des connaissances, on acquiert des méthodes de travail et une capacité à l'autoformation. « J'ai appris à apprendre, explique Patrick, qui a intégré Supélec après un DUT et une maîtrise d'électronique. Jusqu'à présent, l'information était digérée. Là, sur un sujet inconnu, on vous indique deux bouquins de 300 pages. On les avale, on fait un rapport et on démarre les calculs. On apprend à raisonner par analogie et on décomplexe devant les problèmes compliqués dont on n'a, à priori, aucune notion. Grâce à cela, pendant mon service militaire, j'ai pu découvrir, seul, les microprocesseurs. »

## LES PAGES ÉCONOMIQUES DU « MONDE »

La rentabilité et l'exportation sont à l'ordre du jour. Les jeunes ingénieurs doivent prendre en compte la dimension économique de leurs projets, savoir faire des choix. Quelle que soit l'école, ils apprennent un peu de comptabilité, de marketing, d'analyse financière… Des notions de droit social et de relations humaines éviteront bien des bévues. L'économie, c'est aussi une culture. Comme le souligne Jacques Bahry, directeur du Centre d'études supérieures industrielles (CESI), « la différence entre le technicien supérieur et l'ingénieur est plus culturelle que technique ». Le CESI est bien placé pour appréhender cette différence puisqu'il recrute des techniciens et des agents de maîtrise qui ont au moins cinq années d'expérience et qu'il les fait accéder en deux ans au diplôme d'ingénieur. Une meilleure compréhension du contexte économique lui paraît indispensable. « Un ingénieur doit pouvoir lire les pages économiques du *Monde*. »

La maîtrise de l'économie est aussi un préalable pour pouvoir dialoguer avec les autres fonctions de l'entreprise et pour accéder ultérieurement à des métiers non techniques. Longtemps, la priorité a été donnée à la production et cette matière a été négligée dans les écoles. Une fois la reconstruction achevée, la France, fascinée, a découvert le management américain et les *business schools*. C'est au cours des années 60 que l'économie a fait son apparition dans les écoles d'ingénieurs.

Selon la Commission des titres d'ingénieur, 6 % des écoles n'offrent aucun enseignement d'économie, 80 % proposent une initiation (parmi ces écoles, seulement 23 % y consacrent plus de deux cents heures) et 14 % des écoles d'ingénieurs attribuent à cette discipline une note éliminatoire. Pour sa part, la Commission des titres estime que les écoles d'ingénieurs devraient consacrer de 20 % à 30 % de leur horaire global à l'économie et à l'acquisition d'une « culture industrielle ».

Les écoles généralistes sont souvent leaders dans ce domaine, car elles veulent pousser leurs élèves vers les plus hautes sphères des entreprises et des administrations. La dimension économique intervient dans toutes les activités, même au cœur de la production. À côté d'un enseignement économique pour tous les élèves, elles proposent également des options qui ouvrent au métier d'ingénieur économiste. Les débouchés se trouvent principalement dans les sociétés de conseil, les banques et les administrations.

## LES OPTIONS ÉCONOMIQUES

À l'École centrale de Paris, une option de troisième année d'ingénieur économiste ainsi qu'un mastère sont proposés. À l'École nationale des ponts et chaussées, une filière économie, ingénierie-gestion accueille 20 % des élèves. L'enseignement de la filière repose sur deux dominantes:

• La gestion des entreprises privées, qui forme « des ingénieurs sachant non seulement produire, mais aussi gérer, diriger et vendre ». Au programme : de la gestion, du droit et un cours d'économie industrielle axé sur la stratégie des firmes et les modes de concurrence.

• L'économie et la gestion publiques. Au menu : gestion administrative, droit public, études des problèmes d'économie publique (tarification, lutte antipollution, fiscalité).

À l'École des mines de Paris, une option gestion scientifique, à la fois modélisatrice et contre-modélisatrice. Elle présente les outils économiques, leurs limites et leurs difficultés d'utilisation. Les praticiens de l'économie se heurtent à deux difficultés : fabriquer un modèle qui ne soit pas une caricature de la réalité et obtenir l'adhésion de leurs collaborateurs. « Les objectifs de l'option sont d'initier les élèves aux principaux outils utilisables, mais surtout à l'observation de la vie des organisations et à l'analyse de la logique propre à chaque responsable. »

Un sujet d'option est proposé début octobre, par exemple l'utilisation d'un réseau international de correspondants (Europe assistance) ou la mise en place d'un programme informatique d'optimisation de la production (CDF Chimie). Les élèves y travaillent un jour par semaine jusqu'à la fin décembre. En janvier, ils font un stage d'un mois, puis reprennent la même formule d'un jour par semaine jusqu'à Pâques. Après un nouveau stage d'un mois, il leur reste quatre semaines pour rédiger leur étude et préparer la soutenance orale. Ces différentes options ont pour but de mettre un terme à l'isolement de l'ingénieur travaillant à l'écart des circuits économiques.

## TO SPEAK

Si vous ne vous sentez pas de réelles affinités avec la langue de Shakespeare, vous risquez de rencontrer quelques difficultés. Parler anglais est un minimum pour un ingénieur qui aura à poursuivre des études à l'étranger, à lire des revues techniques de référence toutes éditées en anglais, à nouer des relations avec des chercheurs ou des clients étrangers, à travailler dans des contextes internationaux... Plus qu'un atout, la maîtrise d'une langue étrangère, et en particulier de l'anglais, est une obligation. Des secteurs comme la microélectronique sont des univers internationaux où se côtoient des ingénieurs de toutes nationalités. Certaines écoles accordent une importance particulière à l'étude des langues. Elles exigent parfois la réussite au *Test of English as a Foreign Language (TOEFL)* pour passer en année supérieure. La réussite à ce test, qui se présente sous forme de questionnaire à choix multiples (QCM), conditionne l'entrée dans les universités anglophones.

Une université américaine prestigieuse demande un niveau 600, une université canadienne anglophone un niveau 550. Parmi les écoles en cinq ans, l'ESIEE demande un niveau 470 au *TOEFL* pour le passage en deuxième cycle. Sans que cela soit obligatoire, 50 % des élèves d'HEI obtiennent des diplômes en langues. Parmi les écoles en trois ans, l'École supérieure d'ingénieurs de Marseille, l'ISITEM, l'ESPCI exigent le succès au *TOEFL* (niveau 570 à l'ESPCI). L'IRESTE, quant à lui, exige 500 points.

À l'École nationale des ponts et chaussées (ENPC), les langues représentent 20 % de l'enseignement, soit trois cent trente heures. En entrant à l'école, les élèves passent un test à l'issue duquel on leur fixe le nombre de modules à suivre en anglais. Les modules restants sont consacrés à l'étude d'une seconde langue. Ceux qui ont déjà un bon niveau, ou qui l'acquièrent en première année, ont la possibilité de remplacer les modules de langues par un cycle exportation.

## DES ÉLÈVES TRILINGUES

L'étude d'une seconde langue est obligatoire aux Mines de Paris, à Centrale, à l'EPF... L'anglais et l'allemand figurent au menu de l'École nationale des industries textiles de Mulhouse (ENSTIM), de l'École nationale supérieure des arts et industries textiles (ENSAIT). Les enseignements scientifiques et techniques se déroulent en trois langues (français, anglais, allemand) à l'EHICS (industries chimiques, Strasbourg) et dans certaines sections de l'EUDIL. L'anglais et l'espagnol sont obligatoires pour les élèves des Mines d'Alès.

On peut étudier des langues plus rares, telles que le russe, l'arabe, le chinois, le japonais, l'italien, à Centrale, à Polytechnique, à Supélec, à l'École nationale des sciences géographiques (ENSG), aux Ponts et à l'ESIM... Parmi ces langues, c'est le russe qui est le plus étudié. Enfin, à Telecom Bretagne (l'ENSTBr), trois langues sont obligatoires : elles sont à choisir parmi l'anglais, l'allemand, l'arabe, l'espagnol, le portugais et le russe.

Les langues permettent de faire une troisième année à l'étranger, dans le cadre d'accords liant certaines écoles à des consœurs étrangères. Dix étudiants de l'université de technologie de Compiègne passent ainsi une année à Cranfield pendant que 10 étudiants de Cranfield sont accueillis à l'UTC. Ils obtiennent le double diplôme. Plus de 35 % des élèves de Compiègne passent au minimum six mois à l'étranger. Parmi les pionniers, citons aussi l'École centrale de Paris (ECP) qui a développé, avec 17 établissements européens, le programme TIME. Après deux années d'études dans leur école d'origine, les élèves suivent deux années de spécialisation dans un établissement étranger et obtiennent les deux diplômes. Ce programme est soutenu par 15 grandes entreprises qui apportent conseils et soutien financier.

L'École des ponts et chaussées (ENPC) accueille 200 élèves étrangers et délivre des doubles diplômes avec Madrid et

Munich. L'École supérieure de biotechnologie de Strasbourg (ESBS) décerne des diplômes communs avec les universités de Bâle, Fribourg et Karlsruhe.

L'ESIEE et l'ESIM adhèrent à l'*European Network for Training and Research in Electrical Engineering (ENTREE)*. Ce programme réunit 16 écoles et universités de 10 pays d'Europe, spécialisées en électronique. Les partenaires sanctionnent par un certificat européen le profil triculturel de leurs étudiants qui auront séjourné au moins six mois dans deux pays.

Les quatre instituts nationaux des sciences appliquées ont créé un premier cycle européen, EURINSA, qui accueille des élèves venus de toute l'Europe. L'objectif est d'accueillir un tiers d'élèves français, un tiers d'élèves de l'Union européenne ou de l'Association européenne de libre-échange (AELE) et un tiers d'élèves d'Europe centrale et orientale.

Enfin, dernier-né des réseaux d'écoles européens, *Student Transfer Authority and Reciprocity (STAR)* regroupe 12 filières d'ingénieurs dans sept pays européens, dont l'ENSIMEV de Valenciennes, et permet aux étudiants d'effectuer leur dernière année d'études dans un établissement partenaire à l'étranger.

## TRAVAILLE-T-ON DANS LES ÉCOLES ?

Les taupins décompressent après les concours. Ils n'ont plus du tout envie de travailler, ils ont suffisamment donné. « On nous bourre le crâne en taupe, constate Jean-Pierre, élève de l'ENSCP. Travaillez, ensuite vous n'aurez plus rien à faire. Trop souvent, ils sont persuadés que le reste sera un jeu d'enfant. Du coup, les écoles illustrent leurs plaquettes de planches à voile et de pistes de ski. Quand on arrive à l'école, on ne veut plus rien faire. » Un professeur de la même école est formel : « On travaille beaucoup dans les classes préparatoires, on ingurgite

PRATIQUE

## Stages et bourses pour l'étranger

Il est relativement difficile de décrocher un stage à l'étranger. Le Comité français de l'Association internationale pour les stages techniques à l'étranger (IAESTE en anglais) a pour mission de les organiser. Le nombre de places est limité car l'association fonctionne sur le principe de la réciprocité totale.

En effet, chaque stage trouvé en France pour un étudiant d'un pays étranger permet d'envoyer un étudiant français dans une entreprise du pays concerné. L'IAESTE s'occupe de toutes les questions administratives tandis que l'entreprise d'accueil est tenue de prendre en charge les frais de séjour des stagiaires. Chaque année, le Comité français gère environ 400 stages. Les États-Unis sont les plus demandés ; le Danemark, la Finlande et la Suède sont les pays les plus accueillants.
IAESTE, 1, rue du Docteur-Schmitt, 54000 Nancy, tél. 83.30.47.56.

L'Office franco-allemand d'échanges universitaires a pour tâche de promouvoir les échanges entre Français et Allemands. Il accorde quelques bourses pour des cours intensifs d'allemand dans un institut Goethe.
Office franco-allemand d'échanges universitaires (DAAD en allemand), 15-20, rue de Verneuil, 75007 Paris, tél. (1) 42.61.58.57.

*Le Guide des entreprises qui recrutent* (bac+4-bac+5) recense des entreprises britanniques et allemandes proposant des stages aux élèves ingénieurs français (98 F, en librairie).

énormément de connaissances. Il faut savoir qu'on a autant de travail après, dans l'école, même si l'optique est différente. »

Même constat pour Éric qui, après avoir obtenu un diplôme de Sup'phy (ENSPM), prépare une spécialisation à Sup'aéro : « Pendant les premiers mois, on vit sur la légende des prépas. Les tests arrivent ensuite, il faut s'y mettre. Ceux qui n'ont pas la moyenne doivent revenir en septembre. »

Entre le contrôle continu sur les travaux pratiques et les examens semestriels, il faut obtenir une moyenne de 12. Sauf pour raisons de santé, on ne redouble pas à l'ENSCP, pas plus qu'à l'ESPCI. Ceux qui n'y arrivent pas passent un an à l'université. Pour être réintégrés, ils doivent décrocher, suivant l'année, une licence ou une maîtrise de chimie avec mention. Selon le point de vue des responsables : un redoublement interne n'apporte rien. Les élèves, pour leur part, ne sont pas tout à fait d'accord. « Un élève qui a suivi un parcours moyen, baccalauréat C et taupe, ne connaît pas la fac. Ce sont deux systèmes différents, les méthodes de travail ne sont pas les mêmes. Nous préférerions redoubler dans une autre école. »

## À CENTRALE, LES MAUVAIS ÉLÈVES PARTENT EN STAGE

Et à Compiègne ? « Je croyais que ce serait tranquille, explique un élève. Et c'est exactement le contraire qui s'est passé. Beaucoup d'étudiants ont été éliminés en premier cycle. L'angoisse des fins de semestre... L'examen final de chaque unité de valeur a presque autant d'importance que le contrôle continu. Jusqu'au dernier jour, c'était l'angoisse. » Et il conseille aux entrants d'obtenir le maximum d'UV en première année. Toutefois, les redoublements et les exclusions restent encore rares dans les écoles d'ingénieurs, les élèves ayant déjà fait l'objet de trois écrémages successifs : admission en sup, passage en spé et concours.

À Centrale, les redoublements prennent la forme de stages industriels. « Ils provoquent une prise de conscience très positive dans la grande majorité des cas. » À Supélec, le redoublement interne est aussi évité. En première année, les élèves sanctionnés (0,5 % par an) sont exclus dans un premier temps et réintégrés après un an d'études réussies dans un autre établissement. En deuxième année, les redoublements (0,5 %) se font dans une nouvelle division et les exclusions sont rares (0,3 %).

En troisième année, les redoublements et les refus de diplôme sont exceptionnels. Les redoublements ne dépassent pas 1 % à Polytechnique et à l'ENSEEIHT, ils avoisinent 2 % à l'École nationale supérieure d'électricité et de mécanique (première année) et 5 % à l'ENSERG et à l'ENSAIS. Pas de redoublement à l'ESIM, sauf pour maladie. « Les échecs (2 % ou 3 %) se produisent essentiellement à la fin de la première année et concernent des élèves qui n'ont pas effectué suffisamment vite la transition nécessaire du stade de taupin à celui de futur cadre commençant, dès l'entrée à l'ESIM, sa vie professionnelle. »

Les problèmes sont plus fréquents dans les écoles en cinq ans. C'est tout à fait logique puisque les élèves n'ont traversé qu'une passoire, celle de l'admission. La première année du premier cycle est probatoire à l'INSA de Lyon : 13 % des élèves sont exclus et 1 % redoublent. À la fin de la deuxième année, 1 % sont exclus et 7 % redoublent. En deuxième cycle, en revanche, les accidents de parcours sont rares. Parmi les étudiants qui entrent à l'ISEP, 75 % obtiennent leur diplôme.

## L'AUTONOMIE

À chaque école sa pédagogie. Les cours sont obligatoires dans beaucoup d'établissements, avec parfois un contrôle assez strict. Mais il arrive que les cours magistraux soient facultatifs (ENSI, Polytechnique, INA, Centrale, Supélec, Université de technologie de Compiègne...). Seuls les travaux dirigés ou les travaux pratiques sont imposés. De même l'autonomie laissée aux élèves est plus ou moins grande. Dans beaucoup d'établissements, le tronc commun est copieux et les choix d'options ou de modules sont réservés à la dernière année.

À l'Université de technologie de Compiègne, au contraire, l'étudiant construit son cursus en respectant un équilibre entre les unités de valeur de langages scientifiques, de technique, de culture générale et de communication. Il doit d'abord choisir une branche, puis un profil. Certains optent pour un double profil. « Le choix des unités de valeur, dit Jean-Pierre, apporte une certaine force de caractère. Il faut réfléchir sur ses véritables motivations. »

Autre raison de travailler, le classement de sortie pratiqué ici ou là. Celui de l'X n'est pas publié, mais seuls les premiers entrent dans les corps les plus prestigieux. Le classement de sortie de l'ENSAM est publié au *Journal officiel*. Le premier dixième de chaque promotion est « médaillé ». Certaines administrations, ou grandes entreprises, y attachent de l'importance. Trois des médaillés peuvent entrer à Polytechnique.

## LE COÛT DES ÉTUDES

Enfin, des questions plus matérielles se posent. 206 écoles sont publiques et les frais de scolarité y sont minimes. Supélec, bien que privée, s'apparente à ces écoles grâce à une convention de rattachement à l'université. Les autres écoles sont privées ou consulaires (dépendantes de chambres de commerce). Les frais annuels de scolarité s'élèvent à 10 180 F dans le cycle préparatoire de l'ISEP et à 30 680 F dans le cycle ingénieur (pour chaque école, les frais de scolarité annuels figurent dans notre « Carnet d'adresses »). Ce facteur n'est pas toujours rédhibitoire, car il existe des bourses de l'Éducation nationale, des prêts sans intérêts des associations d'anciens (à l'ISEP par exemple). À l'ESTP, beaucoup d'élèves sont dispensés des droits d'inscription, la taxe d'apprentissage étant reversée sous forme de bourses. À l'ESIEE, des bourses de l'école, cumulables avec celles de l'Éducation nationale, couvrent tout ou partie des frais de scolarité. S'y ajoute depuis 1993 un fonds de solidarité géré de façon paritaire par les élèves et l'administration. Certaines municipalités accordent aussi des bourses.

Par ailleurs, les conditions des prêts d'études consentis par les banques permettent à tout étudiant de disposer de 10 000 F à 100 000 F, remboursables dans les neuf ans qui suivent la signature du contrat, à des taux qui peuvent varier de 7 % à 11 %. Plus l'école que vous intégrez est cotée, moins les taux d'intérêt seront élevés.

# LES RELATIONS AVEC LES ENTREPRISES

Premières expériences professionnelles, les stages confrontent la théorie à la réalité de l'entreprise. Différents types de stage ponctuent la scolarité. Les plus classiques : les stages ouvriers et les stages techniques. Certaines écoles mettent l'accent sur les stages, et leur durée totale peut alors dépasser un an. L'École des ponts (ENPC) propose ainsi une année en entreprise qui s'intercale entre la deuxième et la troisième année de la scolarité.

Les projets sont une autre occasion de concrétiser l'enseignement reçu à l'école. Ce sont des réalisations effectuées en collaboration avec des entreprises ; elles occupent une bonne partie de la dernière année. Dès sa rentrée à l'École d'ingénieurs de Tours (EIT), chaque élève est parrainé par un industriel. En troisième année, les élèves élaborent un projet de fin d'études lors d'un stage en entreprise de seize semaines. Elles ont les sociétés les plus prestigieuses pour clients.

Troisième contact avec le monde professionnel, les travaux effectués dans le cadre des junior entreprises ne figurent pas, contrairement aux stages et aux projets, au programme imposé par les écoles. Créées et gérées par les élèves, ces junior entreprises restent leur domaine réservé.

## SUR LE TERRAIN

L'objectif et la durée des stages varient considérablement d'un établissement à l'autre. HEI prévoit deux stages dont la finalité est différente. « L'entreprise, pédagogie du réel, a en effet deux messages à délivrer au futur ingénieur, l'un social, l'autre technique. Le stage ouvrier répond à des préoccupations propres à la conception que HEI a de sa mission. » Il dure au minimum un mois, à la fin de la première année du cycle ingénieur. « Travailleur manuel, l'élève va vivre de façon concrète les préoccupations du personnel ouvrier, qu'il s'agisse des conditions de travail, de sécurité, d'hygiène, des relations personnelles, hiérarchiques, syndicales. Le stage technique est en revanche très classique. » Il dure au minimum trois mois à l'issue de la deuxième année. « Il est une première expérience du métier d'ingénieur. »

## ■ Descendre à la mine ou s'initier à la recherche ?

Parmi les écoles championnes des stages longue durée, citons l'École supérieure des industries textiles d'Épinal, où la dernière année est consacrée à un stage de huit mois, les Mines d'Alès, les Ponts et Chaussées, l'Université de technologie de Compiègne. À Alès, quatorze mois et demi sont consacrés aux stages : stage ouvrier dans une mine, stage de chef d'équipe, stage de chef de chantier et stage d'ingénieur adjoint en rapport avec l'option.

Aux Ponts et Chaussées, la scolarité commence avec un stage de 15 jours à Aix-en-Provence. Les élèves sont conduits sur le site du barrage de Malpasset pour réfléchir sur les causes de l'accident et sur l'attitude des responsables avant, pendant et après la catastrophe de Fréjus. La première année se termine avec un stage scientifique d'une durée de trois mois pendant lequel les élèves pourront découvrir le monde des laboratoires. « Ils ont bien souvent une idée fausse de la recherche, explique le directeur de l'enseignement. Ils sont impressionnés par les résultats et les belles théories, mais ne mesurent pas la dose de travail qu'ils ont requise. Ils n'imaginent pas le travail quotidien du chercheur. » On leur confie une recherche. Ainsi, certains ont effectué des traitements de données dans une étude sur la douleur menée par l'hôpital Saint-Antoine, d'autres ont travaillé sur la cristallisation du plâtre... Certains ont publié leurs travaux et l'un des élèves a fait une communication à l'Académie des sciences.

À l'heure où le marché de l'emploi fait grise mine, les stages prennent de plus en plus d'importance et, pour beaucoup d'entreprises, ils constituent désormais la première filière de recrutement. Choisissez bien votre stage et profitez-en pour vous faire remarquer.

## L'ALTERNANCE

Après deux ans d'études, les élèves des Ponts peuvent choisir entre un stage de deux mois, où ils ne sont que « des touristes éclairés », et un stage d'un an où l'entreprise les considère comme des membres à part entière. La formule de l'alternance a réussi. Plus de 60 % de l'effectif l'a adoptée, bien qu'elle allonge les études d'un an. Pour les élèves qui viennent de Polytechnique, l'alternance est obligatoire. Après avoir suivi des séminaires de recherche d'emploi, les élèves cherchent eux-mêmes leur stage et négocient leur salaire. « Ils apprennent à se vendre et à évaluer l'entreprise et l'intérêt du projet. » Leur salaire mensuel s'échelonne de 7 000 F à 16 000 F. Ils occupent des postes d'ingénieur débutant assortis de responsabilités d'encadrement.

L'un des stagiaires « longs » a appris le japonais pendant sa première année à l'école. Il a ensuite effectué son stage chez Honda, au Japon. Seul étranger dans l'usine, il s'est initié pendant un an à l'automatisation et aux méthodes de gestion japonaises (cercles de qualité, objectif zéro défaut, etc.). Un autre a commencé son stage à Vélizy, au bureau des méthodes de l'entreprise Fougerolles, en étudiant les coffrages d'une aciérie à construire au Nigeria, d'après les plans d'un bureau d'études soviétique. Envoyé sur le chantier pour exécuter et monter ces coffrages, il a dû auparavant improviser le rabattement d'une nappe d'eau souterraine. Le gouvernement nigérian ne pouvant poursuivre son financement, le chantier a été arrêté et c'est le stagiaire qui a dû liquider les comptes et licencier le personnel local de son équipe.

Un stage est une première expérience professionnelle qui permet de jauger un secteur d'activité et une entreprise. « Il donne des éléments de réflexion pour le choix du premier emploi, dit Sylvie. Et puis une erreur ne prête pas à conséquence. » « Au retour, un seul problème : ils sont plus exigeants, constate un professeur qui apprécie ce genre d'inconvénients. Ils n'hésitent pas à faire remarquer qu'un cours n'est pas bon. C'est une critique constructive. » En tant que stagiaires, ils ont souvent adhéré à l'entreprise qui les a accueillis. Ils en parlent comme de « leur » entreprise.

## ■ Les stages, première filière de recrutement

À l'UTC, les stages représentent environ 20 % de la scolarité (soit une année) : stage ouvrier, stage à l'étranger et stages longs dont l'un débouche sur le projet. À Compiègne, pour empêcher toute complaisance, on évite que l'étudiant trouve lui-même son stage. L'industriel remet à l'école une fiche d'évaluation détaillée prenant en compte l'assiduité et le travail du stagiaire. L'étudiant rédige un rapport qu'il soutient oralement devant un jury d'enseignants et d'industriels. La soutenance permet de juger sa capacité à résumer six mois de travail en vingt minutes.

Les entreprises prennent nettement conscience de l'importance des stages. Elles essaient de remplacer les stages-balades par des stages-projets. Schlumberger, Citroën, Philips, Matra, Aérospatiale éditent des plaquettes de présentation de leurs stages. Les stages débouchent souvent sur un premier emploi et constituent la première filière d'embauche des ingénieurs âgés de 22 à 24 ans : un quart d'entre eux trouvent leur premier emploi à la suite d'un stage.

## LES PROJETS

Presque tous les cursus comprennent un projet réalisé en collaboration avec une entreprise, mené généralement à terme en dernière année. La pédagogie de l'École supérieure d'ingénieurs en électrotechnique et électronique (ESIEE) accorde une place importante à ce projet de dernière année qui occupe environ mille heures. Ce n'est pas un travail scolaire : il est rémunéré par une entreprise.

Ancienne élève de cette école, Dominique se souvient avec plaisir de tous ses projets. En troisième année, la démonstration d'un petit théorème de mathématiques, c'était assez rigolo. En quatrième année, en collaboration avec un laboratoire de l'armée, elle découvre le traitement d'images qui devient sa passion. Elle travaille aussi sur le couplage de deux ordinateurs et, avec Thomson, dans le domaine du traitement de la parole : un appareil qui permet de détecter les silences sur les lignes téléphoniques. « Il s'agissait en fait de séparer ce qui était bruit de ce qui était parole. Le but est d'utiliser la ligne pour envoyer d'autres informations entre les mots, des données bancaires, par exemple. En fait, on parle beaucoup moins qu'on ne le croit. »

Avec Thomson toujours, et en cinquième année, elle approfondit les hyperfréquences. Il fallait concevoir un émetteur de fréquences agiles dont le composant était imposé. « Là, l'intention était que l'émetteur ne soit pas retrouvable. On travaillait sur des fréquences élevées et la variation devait être très rapide. Il y a eu d'abord une étude théorique en physique du solide pour voir si le composant allait répondre à ce qu'exigeait le cahier des charges ; puis une partie pratique d'électronique de très hautes fréquences. »

## LES JUNIOR ENTREPRISES

Les relations avec les entreprises sont un des terrains privilégiés des directeurs d'école. En créant les junior entreprises, les élèves ont dépassé leurs attentes. Aux heures où certains élèves sont plongés dans leurs « baba's » (ordinateurs) ou disputent des matchs, eux prospectent les entreprises et décrochent des contrats.

Quelques exemples de réalisation de la junior entreprise de l'ENSTA : la conception d'un logiciel permettant le guidage du bateau de Marc Pajot pendant la course de l'America's Cup, l'étude de faisabilité d'un pistolet laser, l'évaluation de l'état des connaissances techniques sur les catamarans rapides. Les entreprises apprécient tout particulièrement les élèves qui se sont investis dans ce type d'activité, mais aussi tous ceux qui ont organisé des forums, des galas ou participé à des missions humanitaires. Les activités extrascolaires sont toujours un plus sur un curriculum vitae.

### POUR ALLER PLUS LOIN

Confédération des junior entreprises (CNJE), 20, rue Gramont, 75002 Paris, tél. (1) 42.96.00.33.

## PARTIE 4

# ENTRER DANS UNE ÉCOLE

SOMMAIRE

# FICHES MODE D'EMPLOI

Voici, sous forme de tableaux, un relevé exhaustif des écoles d'ingénieurs qui recrutent aux niveaux bac, bac+1 et bac+2. Le niveau requis à l'entrée, les modalités d'admission, le nombre de postulants, celui des admis et des intégrés en 1994, tous ces renseignements vous sont livrés dans ces fiches.

Diabolique ! Le système de recrutement des écoles d'ingénieurs françaises est d'une grande complexité. En effet, chacune a son mode de recrutement principal et admet également par la voie dite parallèle des élèves ayant déjà suivi d'autres formations. Les cas particuliers sont légion.

Pour chaque groupe d'écoles, nous indiquerons dans les pages suivantes les modalités d'admissions normale et parallèle. Les écoles ont été classées en fonction de leur mode de recrutement principal. On trouvera d'abord les écoles où la majorité des élèves entre après le bac, puis celles où ils sont admis au niveau bac+1 et enfin celles qui recrutent au niveau bac+2 : maths spé M, M', P, P', T, T', TA, maths spé bio, DEUG. Viennent ensuite les écoles d'ingénieurs par l'apprentissage. Votre lecture doit d'abord être guidée par la rubrique « Niveau d'admission principal », qui vous indique clairement quelles écoles vous concernent.

Dans les tableaux, les écoles sont mentionnées par leur sigle. Vous trouverez le développé des sigles, les coordonnées et les frais de scolarité des établissements dans le « Carnet d'adresses » en fin d'ouvrage. Dans les tableaux des écoles accessibles après le bac (p.110 à 139), nous utilisons les intitulés des anciens bacs, C, D, E, F, en vigueur encore aux concours de 1994. Il en va de même pour les intitulés des classes prépas scientifiques.

# BTS, DUT, DEUG EN SIGLES

**Pour faciliter la lecture des tableaux, certains intitulés de BTS, DUT et DEUG sont indiqués en sigles. En voici le développé.**

## Brevet de technicien supérieur (BTS)

AABB analyses agricoles biologiques et biotechnologiques
AB analyses biologiques
ACSE analyse et conduite de systèmes d'exploitation
ATI assistance technique d'ingénieur
BTSA brevet de technicien supérieur agricole
CIRA contrôle industriel et régulation automatique
CPI conception de produits industriels
ETE équipement technique énergie
GA géologie appliquée
GO génie optique
GT géomètre-topographe IAA industrie agroalimentaire et biotechnologie
IC industrie céréalière
ICU industrie du cuir
IG informatique de gestion
II informatique industrielle
IMS industrie des matériaux souples
IP industries papetières
MAI mécanique et automatismes industriels
MAVA maintenance et après-vente automobile
MCI Moteur à combustion interne
PA productions animales
PF productions forestières
PB productique bois
PT productique textile
TC technico-commercial
TCA technico-commercial agricole
TM traitements des matériaux
TP travaux publics
TV technologies végétales

## Diplôme universitaire de technologie (DUT)

BA biologie appliquée, (option ABB : analyses biologiques et biochimiques, et option IAB : industries alimentaires et biologiques)
GCh génie chimique
GCi génie civil
GEII génie électrique et informatique industrielle
GMP génie mécanique et productique
GTE génie thermique et énergie
GTR génie des télécommunications et réseaux
HS hygiène et sécurité
MI maintenance industrielle
MP mesures physiques
OGP organisation et gestion de la production
SGT sciences et génie des matériaux
STID statistique et traitement informatique des données

## Diplôme d'études universitaires générales (DEUG)

SET sciences, économie et technologie
SNV sciences de la nature et de la vie
SSM sciences des structures et de la matière
MASS mathématiques appliquées et sciences sociales

# LES ÉCOLES DE LA FESIC (groupe 1)

**La Fédération d'écoles supérieures d'ingénieurs et de cadres (FESIC) regroupe 22 écoles privées rattachées à l'enseignement catholique, dont 12 écoles d'ingénieurs à vocation industrielle et cinq écoles d'ingénieurs en agriculture. Ces écoles ont toutes un cycle préparatoire intégré de deux ans ; le cycle ingénieur, ou deuxième cycle, dure ensuite trois ans.**

**Les ICAM à Lille, Nantes et Toulouse et l'ECAM à Lyon, au sein du groupe CECAM, organisent leur recrutement en commun sur dossier et entretien. HEI à Lille recrute également sur dossier et entretien, mais la sélection est spécifique à l'école. L'ICPI-CPE recrute désormais sur concours Polytechniques. Les 12 autres écoles recrutent sur dossier et épreuves communes. L'inscription au concours s'effectue par Minitel (36.15 FESIC) du 6 janvier au 3 avril 1995. Les épreuves écrites auront lieu le 13 mai 1995. En 1994, 9 514 candidats se sont présentés au concours commun.**

## Admission en cycle préparatoire

| Écoles | Niveau requis | Modalités d'admission | Candidats 1994 | Admis 1994 | Entrés 1994 |
|---|---|---|---|---|---|
| **ECAM** | Bac C, E | Dossier et entretien, sélection commune au groupe CECAM | 924 | NC | 120 bacs |
| **ESA** | Bac C, D, E | Dossier et épreuves communes à 12 écoles de la FESIC | | | 96 bacs (43 C, 43 D, 7 D', 1 E, 2 bac+1) |
| **ESAP** | Bac C, D, E | | | | 105 bacs |
| **ESCOM** | Bac C, D, E | | | | 112 bacs (90 C, 22 D) |
| **ESEO** | Bac C, D, E | | | | 125 bacs (101 C, 23 E, 1 D) |
| **ESTIT** | Bac C, D, F | | 9 514 | NC | 58 bacs (40 C, 11 D, 7 E) |
| **HEI** | Bac C, E | Dossier et entretien | 1030 | 550 | 234 bacs (218 C, 16 E) |

| Écoles | Niveau requis | Modalités d'admission | Candidats 1994 | Admis 1994 | Entrés 1994 |
|---|---|---|---|---|---|
| **ICAM Lille** | Bac C, E | Dossier et entretien, sélection commune au groupe CECAM | 1 408 | NC | 103 bacs |
| **ICAM Nantes** | Bac C, E | Dossier et entretien, sélection commune au groupe CECAM | | | 97 bacs |
| **ICAM Toulouse** | Bac C, E | Dossier et entretien, sélection commune au groupe CECAM | 1 408 | NC | 52 bacs |
| **ISA Lille** | Bac C, D, D', E | Dossier et épreuves communes à 12 écoles de la FESIC | 9 514 | NC | 85 bacs |
| **ISAB** | Bac C, D, D', E | | | | 119 bacs (59 D et D', 60 C) |
| **ISARA** | Bac C, D, D', E | | | | 84 bacs (36 C, 40 D, 1 BTA, 7 autres) |
| **ISEB** | Bac C, D, E | | | | 40 bacs |
| **ISEM** | Bac C, D, E | | | | 77 bacs (63 C, 5 E, 3 D) |
| **ISEN Lille** | Bac C, D, E | | | | 129 bacs |
| **ISEP** | Bac C, D ou E | | | | 86 bacs (83 C, 2 D, 1 E) |

## Admissions parallèles en deuxième année du cycle préparatoire

Sept écoles organisent un recrutement particulier en deuxième année du cycle préparatoire pour des candidats issus de maths sup, de BTS, de DUT ou de première année de DEUG.

| Écoles | Niveau requis | Modalités d'admission | Candidats 1994 | Admis 1994 | Entrés 1994 |
|---|---|---|---|---|---|
| **ESA** | Bac+2 et admissibilité aux ENSA | Dossier et entretien | NC | 57 | 24 (5 DEUG SNV, 3 DUT, 14 BTS, 1 maths spé bio, 1 autre) |
| **ESAP** | DEUG SNV, BTS, DUT | Dossier | NC | NC | NC |
| **ESEO** | Admissibilité en maths spé | Dossier et entretien | 5 | 1 | 0 |
| **ESTIT** | Maths sup | Dossier, entretien éventuel | 2 | NC | 0 |
| **ISA Lille** | 1re année de DEUG SNV, maths sup bio | Dossier et entretien | NC | NC | NC |
| **ISAB** | BTSA, BTS biochimiste et AB, admissibilité école véto | Dossier et entretien | 100 | 31 | 31 |
| **ISARA** | DEUG SNV, DUT BA, admissibilité ENSA ou ENV, BTSA (après bac C, D, D' ou BTAG) | Dossier et entretien | 107 | 22 | 22 (6 DEUG SNV, 3 DUT, 10 BTS, 1 prépa véto, 1 maths spé bio, 1 post-BTS) |

## Admission en cycle ingénieur

En première année du cycle ingénieur, une admission commune est réservée aux maths spé M, M', P, P'. En 1994, sept écoles participaient à ce concours : l'ESEO, l'ESTIT, l'ISEB, l'ISEN, l'ISEM, l'ISEP et l'école Louis-de-Broglie. 9 463 candidats se sont présentés. À partir de la rentrée 1995, le concours FESIC change de nom : il s'appellera Écrin. Cette nouvelle banque commune d'épreuves regroupera quatorze écoles (Louis-de-Broglie, EISTI, ESEO, ESTIT, ISEM, ISEN, ISEP, ESCOM, EFREI, ESIEA Paris, ESIEA Ouest, ESME Sudria, ISEB et ITECH).

| Écoles | Niveau requis | Modalités d'admission | Candidats 1994 | Admis 1994 | Entrés 1994 |
|---|---|---|---|---|---|
| **ECAM** | Maths spé M, P, T, P' admissibles aux concours Polytechnique, Arts et Métiers, Centrale-Supélec | Sélection commune au groupe CECAM, dossier et entretien | 226 | 6 | 5 |
| **ESAP** | Licence ou maîtrise | Dossier | NC | NC | NC |
| **ESCOM** | DUT, BTS secteur chimie | Dossier et entretien | 21 | NC | 3 (2 DUT, 1 BTS) |
| | DEUG SSM | Dossier, épreuves écrites entretien | 29 | 1 | 1 |
| **ESEO** | Licence EEA DEUG SSM, DUT GEII, MP, BTS électronique, électrotechnique, physique, DEUST, admissibilité aux ENSI | Dossier et entretien | 47 | 17 | 5 (1 DEUG SSM, 2 maths spé TS 2 DUT) |
| | Maths spé M, M', P, P' | Concours commun 94 à 7 écoles de la FESIC | 9 463 | NC | 4 (2 maths spé M, M', 2 P, P') |

| Écoles | Niveau requis | Modalités d'admission | Candidats 1994 | Admis 1994 | Entrés 1994 |
|---|---|---|---|---|---|
| **ESTIT** | DUT chimie, électronique, GEII, GMP, MP, MI. BTS chimie, électronique, électrotechnique, II, MAI, physique, productique | Dossier | 40 | 15 | 2 (2 DUT) |
| | DEUG SSM | Dossier, entretien | 50 | 6 | 2 |
| | Maths spé M, M', P, P' | Concours commun 94 à 7 écoles de la FESIC | 9 463 | NC | 6 (3 maths spé M, M', 3 P, P') |
| **HEI** | DEUG SSM avec mention | Dossier et entretien | 17 | 3 | 2 |
| | Maths spé M, M', P, P' | | 228 | 31 | 12 (4 maths spé M, 6 P, 2 T) |
| | DUT ou BTS | | 102 | 11 | 5 (2 DUT, 3 BTS) |
| **ICAM Lille** | BTS MAI, DUT GMP | Dossier, sélection commune au groupe CECAM | 71 | 4 | 3 |
| | Maths spé M, P, P', T admissibles aux concours de Polytechnique, Arts et Métiers, Centrale-Supélec | Dossier et entretien, sélection commune au groupe CECAM | 307 | 13 | 8 |
| **ICAM Nantes** | BTS MAI, DUT GMP | Dossier pour BTS et DUT | 71 | 4 | 1 |
| | Maths spé M, P, P', T admissibles au concours de Polytechnique, Arts et Métiers, Centrale-Supélec | Dossier et entretien pour les prépas, sélection commune au groupe CECAM | 307 | 13 | 2 |

| Écoles | Niveau requis | Modalités d'admission | Candidats 1994 | Admis 1994 | Entrés 1994 |
|---|---|---|---|---|---|
| **ICAM Toulouse** | Maths spé M, P, P', T, admissibles aux concours de Polytechnique, Arts et métiers, Centrale-Supélec | Dossier et entretien, sélection commune au groupe CECAM | Première sélection en 1995 | | |
| | BTS MAI, DUT GMP | Dossier, sélection commune au groupe CECAM | | | |
| **ISA Lille** | DEUG SNV mention AB, DUT biologie appliquée, admissibles aux ENSA, BTSA | Dossier et entretien | NC | NC | NC |
| **ISAB** | DEUG ou DUT BA option analyses biologiques et biochimiques ou agronomie, bio maths spé, licence, BTSA et expérience professionnelle | Dossier et entretien | 200 | 7 | 7 |
| **ISARA** | Licence de biologie ou BTSA + 3 ans d'expérience professionnelle, maîtrise de biologie | Dossier et entretiens | 14 | NC | 8 |
| **ISEB** | Maths spé M, M', P, P' | Concours commun 94 à 7 écoles de la FESIC (dernier recrutement en 1994) | 9 463 | NC | 17 (9 maths spé M, M', 8 P, P') |
| | BTS, DUT à dominante électronique ou physique | Dossier et entretien | NC | NC | NC |
| **ISEM** | Maths spé M, M', P, P' | Concours commun 94 à 7 écoles de la FESIC | 9 463 | NC | 13 (10 maths spé M, M4, 3 P, P') |
| | DUT, BTS | Dossier et entretiens (sélection commune avec l'ISEN Lille) | NC | NC | 7 (6 DUT, 1 BTS) |

| Écoles | Niveau requis | Modalités d'admission | Candidats 1994 | Admis 1994 | Entrés 1994 |
|---|---|---|---|---|---|
| **ISEN Lille** | DEUG SSM | Dossier | NC | NC | NC |
| | DUT, BTS | Dossier et entretien | NC | NC | NC |
| | Maths spé M, M', P, P' | Concours commun 94 à 7 écoles de la FESIC | 9 463 | NC | 4 (2 maths spé M, M', 2 P, P') |
| **ISEP** | Maths spé M, M', P, P' | Concours commun 94 à 7 écoles de la FESIC | 9 463 | NC | 89 (47 maths spé M, 3 M', 33 P, 6 P') |
| | DUT GEII | Dossier | 22 | 3 | 2 DUT GEII |
| | Maths spé TA | Participation à la banque d'épreuves du concours Polytechniques physique TA | 133 | 4 | 0 |

## En deuxième année

| Écoles | Niveau requis | Modalités d'admission | Candidats 1994 | Admis 1994 | Entrés 1994 |
|---|---|---|---|---|---|
| **ESA** | Maîtrise | Dossier et entretien | NC | 3 | 1 |
| **ESCOM** | Maîtrise de chimie | Dossier et entretien | 22 | NC | 1 |
| **ESEO** | Maîtrise EEA, MST, MEUP | Dossier et entretien | 5 | 3 | 1 (1 maîtrise EEA) |
| **HEI** | Maîtrise | Dossier et entretien | 43 | 11 | 5 |
| **ICPI-CPE Lyon** | Maîtrise ès sciences | Dernier recrutement en 1994 | NC | NC | NC |
| **ISA Lille** | Maîtrise à orientation biologique | Dossier et entretien | NC | NC | NC |
| **ISEM** | Maîtrise EEA ou physique (avec UV électronique) | Dossier (sélection commune avec l'ISEN et l'ISEP) | 4 | 3 | 0 |
| **ISEN Lille** | Maîtrise EEA ou physique | Dossier | NC | NC | NC |
| **ISEP** | Maîtrise ès sciences, MST ou diplôme d'ingénieur (connaissances en électronique) | Dossier | 23 | 4 | 1 maîtrise EEA |

# LES INSA (groupe 2)

## Admission normale

La scolarité des quatre instituts nationaux des sciences appliquées (INSA) se divise en deux cycles. Les deux premières années de tronc commun constituent une préparation scientifique et les trois suivantes correspondent au cycle ingénieur. Les admissions s'effectuent majoritairement sur bac C et E, éventuellement D ou F selon les écoles.

En 1994, sur 6 489 candidats, 1 325 sont entrés dans l'un des quatre instituts (dont 81 % de bacheliers C, 9 % de E, 0,4 % de F et 3 % de D).



| Écoles | Niveau requis | Modalités d'admission | Candidats 1994 | Admis 1994 | Entrés 1994 |
|---|---|---|---|---|---|
| **INSA Lyon** | Bac C, D, E, F | | | | 716 bacs (576 C, 55 E, 25 D, 6 F, 54 diplômes étrangers) |
| **INSA Rennes** | Bac C, D, E, F | Recrutement commun aux quatre INSA | 6 489 | 1 327 | 161 bacs (144 C, 17 E) |
| **INSA Rouen** | Bac C, D, E, F | | | | 180 bacs (154 C, 17 E, 9 D) |
| **INSA Toulouse** | Bac C, D, E et quelques F | | | | 268 bacs (194 C, 26 E, 10 D, 38 diplômes étrangers) |

## Admissions parallèles

Les quatre INSA organisent un recrutement commun en troisième année (en première année du cycle ingénieur) pour des bac+2. En revanche, chaque INSA organise un recrutement propre en quatrième année (en deuxième année du cycle ingénieur) pour les titulaires d'une maîtrise scientifique ou d'une MST.

### En troisième année

<table>
<tr><th>Écoles</th><th>Niveau requis</th><th>Modalités d'admission</th><th>Candidats 1994</th><th>Admis 1994</th><th>Entrés 1994</th></tr>
<tr><td>INSA Lyon</td><td rowspan="4">Maths spé, bac+2</td><td rowspan="4">Recrutement commun aux quatre INSA sur dossier et entretien</td><td rowspan="4">3 642</td><td rowspan="4">441</td><td>162 (38 DEUG, 35 maths spé, 84 DUT, 4 BTS, 1 diplôme étranger)</td></tr>
<tr><td>INSA Rennes</td><td>80 (39 DUT, 28 DEUG, 11 maths spé, 2 BTS)</td></tr>
<tr><td>INSA Rouen</td><td>58 (27 DEUG, 14 DUT, 2 BTS, 15 maths spé)</td></tr>
<tr><td>INSA Toulouse</td><td>139 (41 DEUG, 73 DUT, 17 maths spé, 7 BTS, 1 autre)</td></tr>
</table>

### En quatrième année

<table>
<tr><th>Écoles</th><th>Niveau requis</th><th>Modalités d'admission</th><th>Candidats 1994</th><th>Admis 1994</th><th>Entrés 1994</th></tr>
<tr><td>INSA Lyon</td><td rowspan="4">Maîtrise sciences, MST</td><td>Dossier, éventuellement entretien</td><td>NC</td><td>NC</td><td>31</td></tr>
<tr><td>INSA Rennes</td><td>Dossier</td><td>149</td><td>15</td><td>8 (8 maîtrises)</td></tr>
<tr><td>INSA Rouen</td><td>Dossier et entretien</td><td>81</td><td>18</td><td>15 maîtrises</td></tr>
<tr><td>INSA Toulouse</td><td></td><td>315</td><td>40</td><td>33 (21 maîtrises, 8 MST, 2 diplômes étrangers, 2 autres)</td></tr>
</table>

# LES ENI (groupe 3)

## Admission normale

Les cinq écoles nationales d'ingénieurs organisent leur recrutement en commun soit sur dossier, soit sur concours écrit portant sur le programme de terminale E. Les bacheliers E doivent obligatoirement passer le concours. Les bacheliers C, D et F, s'ils ne sont pas redoublants, sont libres de choisir l'admission sur dossier ou sur concours.

| Écoles | Niveau requis | Modalités d'admission | Candidats 1994 | Admis 1994 | Entrés 1994 |
|---|---|---|---|---|---|
| **ENIBe** | Bac C, D et F | Recrutement commun aux 5 ENI sur dossier | 2 394 | NC | 35 bacs (34 C, 1 F) |
| | Bac C, D, E et F | Concours commun aux 5 ENI sur programme bac E | 5 686 | 1 178 | 80 bacs (56 E, 19 maths sup T, 2 DUT, 3 DEUG) |
| **ENIBr** | Bac C, D et F | Recrutement commun aux 5 ENI sur dossier | 2 394 | NC | 30 bacs (18 C, 6 F, 6 D) |
| | Bac C, D, E et F | Concours commun aux 5 ENI sur programme bac E | 5 686 | 1 178 | 66 bacs (66 E) |
| **ENIM** | Bac C, D et F | Recrutement commun aux 5 ENI sur dossier | 2 394 | NC | 17 bacs (11 C, 3 D, 3 F) |
| | Bac C, D, E et F | Concours commun aux 5 ENI sur programme bac E | 5 686 | 1 178 | 102 bacs (102 E) |
| **ENISE** | Bac C, D et F | Recrutement commun aux 5 ENI sur dossier | 2 394 | NC | 18 bacs (filière mécanique : 5 C, 1 F, 2 D ; filière génie civil : 6 C, 2 F, 2 D) |
| | Bac C, D, E et F | Concours commun aux 5 ENI sur programme bac E | 5 686 | 1 178 | 75 bacs (filière mécanique : 57 E, 1 C ; filière génie civil : 15 E, 2 C) |

| Écoles | Niveau requis | Modalités d'admission | Candidats 1994 | Admis 1994 | Entrés 1994 |
|---|---|---|---|---|---|
| **ENIT** | Bac C, D et F | Recrutement commun aux 5 ENI sur dossier | 2 394 | NC | 25 bacs (21 C, 2 F, 2 D) |
| | Bac C, D, E et F | Concours commun aux 5 ENI sur programme bac E | 5 686 | 1 178 | 100 bacs (91 E, 9 C) |

## Admissions parallèles

En troisième année les cinq ENI recrutent des BTS, des DUT, des élèves de maths spé et des DEUG SSM (ou DEUG A) sur dossier. Les titulaires d'une maîtrise sont admis en quatrième année.

## En troisième année

| Écoles | Niveau requis | Modalités d'admission | Candidats 1994 | Admis 1994 | Entrés 1994 |
|---|---|---|---|---|---|
| **ENIBe** | BTS mécanique et productique, DUT GMP, maths spé T | Dossier | 350 | 43 | 43 |
| **ENIBr** | BTS électronique, électrotechnique, DUT GEII, DEUG | Dossier | 684 | 90 | 86 |
| **ENIM** | BTS CPI, DUT GMP, DEUG SSM | Dossier et entretien éventuel | 834 | 50 | 49 (24 DUT, 15 BTS 10 maths spé T) |
| **ENISE** | DUT GMP, BTS MAI, DEUG SSM, maths spé | Dossier et un semestre de remise à niveau | 1 019 | NC | 40 (filière mécanique : 6 BTS, 14 DUT ; filière génie civil : 7 BTS, 13 DUT) |
| **ENIT** | BTS, DUT, DEUG SSM | Dossier | 1 121 | NC | 70 (46 DUT, 15 BTS, 5 maths spé, 4 DEUG SSM) |

## En quatrième année

| Écoles | Niveau requis | Modalités d'admission | Candidats 1994 | Admis 1994 | Entrés 1994 |
|---|---|---|---|---|---|
| **ENIBe** | Maîtrise de mécanique, MST, DEST | Dossier | 21 | 8 | 3 (option procédés de production : 2 ; option organisation de production : 1) |
| **ENIBr** | Maîtrise EEA | Dossier | 47 | 12 | 10 |
| **ENIM** | MST ou équivalent | Dossier et entretien | 57 | 5 | 2 maîtrises |
| **ENISE** | MST, DEST | Dossier et un semestre de remise à niveau | 52 | NC | 12 (6 maîtrises génie mécanique, 6 maîtrises génie civil) |
| **ENIT** | Maîtrise ès sciences ou diplôme équivalent | Dossier et entretien éventuel | 114 | NC | 14 (11 maîtrises, 3 MST) |

# LES UNIVERSITÉS (groupe 4)

## Admission en premier cycle

Neuf écoles d'ingénieurs universitaires recrutent des élèves directement après le baccalauréat (une soixantaine d'universités délivrant le diplôme d'ingénieur recrutent à bac+2 ; vous les trouverez détaillées plus loin). L'ESSTIN Nancy, l'ESINSA, l'EEIGM, l'EIVL et l'ENSGSI se sont regroupées en un Groupement des écoles d'ingénieurs à prépa intégrée (GEIPI) et organisent leur concours en commun pour les bacheliers C, D et E. En 1994, 3 029 candidats se sont présentés, 300 ont été admis. Les inscriptions sont ouvertes jusqu'au 31 mars 1995, les épreuves ont lieu le 31 mai 1995. Le secrétariat du concours est assuré par l'ESSTIN Nancy.

L'UTC et l'IST proposent un premier cycle de deux ans, à l'issue duquel les étudiants obtiennent le diplôme d'études universitaires de Compiègne (DEUTEC), à l'UTC, et le DEUG A, à l'IST. À la rentrée 1995, l'EEIGM et l'ENSGSI recruteront également en première année ingénieur après le cycle préparatoire polytechnique (CPP).

## En première année (cycle préparatoire)

| Écoles | Niveau requis | Modalités d'admission | Candidats 1994 | Admis 1994 | Entrés 1994 |
|---|---|---|---|---|---|
| **EEIGM** | Bac C, D, E | Concours du GEIPI | 3 029 | 300 | 47 bacs (43 C, 4 E) |
| **EIVL** | | | | | 66 bacs (42 C, 23 E 1 D) |
| **ENSGSI** | | | | | 19 bacs (13 C, 6 E) |
| **ESINSA** | | | | | 44 bacs (35 C, 8 E, 1 D) |
| **ESSTIN** | | | | | 96 bacs (81 C, 14 E, 1 D) |
| **IPSé** | Bac C, D, E, F | Dossier et entretien | 792 | 200 | 115 bacs (65 C, 30 E, 4 D, 16 F) |
| **IST Paris 6** | Bac C, D, E, mention AB et bons résultats en physique, maths, chimie | Dossier | NC | NC | NC |

| Écoles | Niveau requis | Modalités d'admission | Candidats 1994 | Admis 1994 | Entrés 1994 |
|---|---|---|---|---|---|
| UTC | Bac C, D, E, F | Dossier et entretien | NC | NC | 282 bacs |
| UTT | Bac S, STI, STL | Dossier et entretien | Premier recrutement en 1995 | | |

## En deuxième année (cycle préparatoire)

| Écoles | Niveau requis | Modalités d'admission | Candidats 1994 | Admis 1994 | Entrés 1994 |
|---|---|---|---|---|---|
| EIVL | 1re année DEUG SSM ou technologie industrielle (TI) | Dossier et entretien | NC | NC | NC |
| ESSTIN | Maths sup, 1re année DEUG SSM | Concours A | 174 | NC | 6 (5 maths sup, 1 DEUG) |
| | DUT, BTS scientifiques | Concours B | 126 | NC | 8 |



## Admission en cycle ingénieur

L'UTC et l'IST admettent en cycle ingénieur des maths spé, des DEUG A, des DUT et BTS spécifiques selon les filières de spécialisation qui possèdent chacune leurs modalités de recrutement. L'ESSTIN accepte également certains bac+2 en troisième année.

## En première année (cycle ingénieur)

| Écoles | Niveau requis | Modalités d'admission | Candidats 1994 | Admis 1994 | Entrés 1994 |
|---|---|---|---|---|---|
| EEIGM | Licence scientifique (physique-chimie) et au moins 2 langues étrangères | Dossier | 4 | NC | 2 maîtrises |
| ESINSA | DEUG SSM, maths spé, DUT GE ou MP | Dossier | NC | NC | 17 (6 DEUG, 6 DUT, 2 maths spé TA, 1 P, 1 M, 1 autre) |

| Écoles | Niveau requis | Modalités d'admission | Candidats 1994 | Admis 1994 | Entrés 1994 |
|---|---|---|---|---|---|
| **ESSTIN** | DUT MP, GEII, MI ou BTS électronique, électrotechnique, ATI, CIRA, maths spé TS | Dossier | 187 | NC | 10 (1 maths spé TS, 2 BTS CIRA, 1 BTS électrotechnique, 1 BTS productique, 2 DUT MI, 1 DUT GE, 1 DUT GTR, 1 autre) |
| | Maths spé, DEUG SSM 2e année | Concours C | 350 | 4 | 2 maths spé |
| **IPSé** | DEUG SSM, DUT, BTS, maths spé | Dossier et entretien | 901 | 232 | 114 (44 DUT, 25 BTS, 12 DEUG, 21 maths spé, 6 maîtrises, 6 divers) |
| **IST Paris 6** | DEUG SNV avec mention, BTS IC de l'ENSMIC (filière industries céréalières) | Dossier | NC | NC | NC |
| | DEUG SSM IST, DEUG SSM (filières géophysique, géotechnique) | | | | NC |
| | DEUG SSM IST, DEUG SSM (filière mesure contrôle-régulation) | | | | NC |
| | DEUG SSM IST, DEUG SSM ou SNV, avec mention (filière chimie des matériaux) | | | | NC |
| **UTC** | DEUG SSM, DEUG SNV (+ prépa agro), DUT, BTS, maths spé, DEUST | Dossier et entretien | NC | NC | 228 |
| **UTT** | DEUG A, DEUST, DUT BTS, maths spé | Dossier entretien | NC | NC | 102 (61 DUT, 22 DEUG, 15 BTS, 4 maths spé) |

## En deuxième année (cycle ingénieur)

| Écoles | Niveau requis | Modalités d'admission | Candidats 1994 | Admis 1994 | Entrés 1994 |
|---|---|---|---|---|---|
| **ESINSA** | Maîtrise ès sciences | Dossier | NC | NC | 2 maîtrises |
| **ESSTIN Nancy** | Maîtrise de mécanique, physique, MST | Concours M | 83 | NC | 13 maîtrises |
| **IPSé** | Maîtrise scientifique, MST | Dossier et entretien | NC | 6 | 6 |
| **UTC** | Maîtrise ès sciences, MST | Dossier et entretien | NC | NC | 14 |

# LES CAVALIERS SEULS (groupe 5)

**Les 25 écoles présentées ci-dessous ont chacune leur propre mode de recrutement, essentiellement avec un bac C, D ou E. À partir de 1995, l'ECE mettra en place un cycle préparatoire intégré ouvert aux bacheliers S.**

## Admission normale

| Écoles | Niveau requis | Modalités d'admission | Candidats 1994 | Admis 1994 | Entrés 1994 |
|---|---|---|---|---|---|
| **EAI Tech** | Bac scientifique | Dossier, tests et entretien | NC | NC | 8 (5 bacs C, 2 D, 1 E) |
| **EBI** | Bac C, D, E, F7, F7' | Dossier et entretien | 203 | 72 | 66 (30 bacs C, 36 D) |
| **EFREI** | Bac C, D, E | Concours | 510 | 384 | 106 (66 bacs C, 30 D,6 E, 2 maths sup, 2 DEUG SSM) |
| **EIGSI** | Bac C, D, E | Dossier et entretien | NC | NC | NC |
| **EPF** | Bac C, D, E Maths sup 1re année de DEUG SSM ou de DUT | Dossier et tests | 800 | 200 | 143 bacs (93 bacs C, 20 D, 10 E, 14 maths sup, 6 DEUG SSM 1re année) |
| | Bac C, D, E, spécialité production et automatisation | Dossier, tests, entretien | 87 | NC | 25 (17 bacs C, 7 D, 1 E) |
| **EPITA** | Bac | Entretien | NC | NC | NC |
| **EPMI** | Bac C, D, E | Dossier et entretien | NC | NC | NC |
| **ESI** | Bac, bac+1 non informatique (spécialité ingénierie technologique en informatique) | Dossier | NC | NC | NC |
| | Bac C, D ou E (spécialité ingénierie informatique) | | | | |

| Écoles | Niveau requis | Modalités d'admission | Candidats 1994 | Admis 1994 | Entrés 1994 |
|---|---|---|---|---|---|
| **ESIEA Ouest** | Bac C, D, E | Recrutement commun avec l'ESIEA Paris | 89 | 78 | 47 (28 bacs C, 9 D, 6 E, 4 autres) |
| **ESIEA Paris** | Bac C, D, E | Dossier, entretien et test | 343 | 275 | 114 (71 bacs C, 19 D, 5 E, 19 autres) |
| **ESIEE Amiens** | Bac C, E, (D exceptionnellement), maths sup et 1re année DEUG SSM | Concours commun à l'ESIEE Paris | 1 017 | NC | 65 (53 bacs C, 5 E, 3 D, 3 maths sup, 1 DEUG) |
| **ESIEE Paris** | Bac C, E, très bon D, maths sup, 1re année DEUG SSM | Concours commun à l'ESIEE Amiens | 1 017 | NC | 105 (88 bacs C, 9 maths sup, 1 D, 6 E, 1 DEUG) |
| **ESITPA** | Bac C, D, D', bac+1 année scientifique | Dossier, examen et entretien | 450 | 86 | 86 bacs (17 bac+1, 25 C, 34 D, 9 D', 1 E) |
| **ESME-Sudria** | Bac C, D, E | Dossier, entretien | NC | NC | NC |
| **ESTACA** | Bac C, D, E, F1, F2, F3 | Dossier | 617 | 256 | 175 bacs (98 C, 12 D, 15 E, 2 F1, 43 bac+1, 5 divers) |
| **ESTP Cachan** | | | | | 26 (18 C, 5 D, 3 E) |
| **ESTP Caen** | Bac C, D, E, F4, F5, F9 | Dossier et entretien | | | 26 (15 C, 4 D, 5 E, 2 F4) |
| **ESTP Metz** | | | 226 | NC | 33 (24 C, 4 D, 5 E) |
| **IMA** | Bac C, D, E | Dossier, entretien et tests | 172 | NC | 75 |
| **INSFA** | Bac C, D, D' ou BTA | Concours | 480 | NC | 38 bacs (34 C, 4 D) |
| **INSIA** | Bac C, D, E | Dossier et entretien ; stage de prérentrée obligatoire pour les bac D | NC | NC | NC |

| Écoles | Niveau requis | Modalités d'admission | Candidats 1994 | Admis 1994 | Entrés 1994 |
|---|---|---|---|---|---|
| **IPSA** | Bac C, D, E, éventuellement bac F, maths sup | Dossier et entretien | 82 | NC | 42 (27 C, 11 D, 2 E, 2 F) |
| **ISD** | Bac scientifique ou technique | Dossier, tests, et entretien | 38 | 29 | 24 (4 bacs D, 6 E, 8 C, 1 F12, 2 F1, 1 F3, 2 autres) |
| **ISE** | Bac S, STL, STAE, ES | Dossier, entretien | NC | NC | NC |
| **ISTOM** | Bac C, D | Dossier, concours et entretien | 65 | NC | 57 (34 D et D', 19 C, 2 B, 1 A 1 E) |

## Admissions parallèles en premier cycle

Les admissions en deuxième année concernent des élèves titulaires d'un DEUG, DUT, BTS ou issus de classes prépas.

### En deuxième année

| Écoles | Niveau requis | Modalités d'admission | Candidats 1994 | Admis 1994 | Entrés 1994 |
|---|---|---|---|---|---|
| **EAI Tech** | Maths sup, maths spé, bac+2 | Dossier, tests et entretien | NC | NC | 10 (4 DEUG, 3 diplômes étrangers, 1 diplôme ingénieur, 1 maths sup, 1 DUT) |
| **EBI** | Maths sup bio, admissibles aux ENV, BTSA industries agroalimentaires, BTS chimie, biophysique, PCEM1 1re année de pharma | Dossier et entretien | 80 | 6 | 3 (1 maths sup bio, 2 1re année de pharma) |
| **EFREI** | Bac+1 | Dossier | 37 | 15 | 6 (2 DEUG SSM, 2 maths sup, 1 maths spé 1 autre) |

| Écoles | Niveau requis | Modalités d'admission | Candidats 1994 | Admis 1994 | Entrés 1994 |
|---|---|---|---|---|---|
| **EIGSI-Violet** | Maths sup, 1re année BTS, DUT ou DEUG SSM | Dossier et entretien | NC | NC | NC |
| **EPF** | Maths spé | Dossier, tests et entretien | 97 | 29 | 8 maths spé |
| **EPITA** | Cycle préparatoire 1re année bac+1 scientifique | Entretien | NC | NC | NC |
| **EPMI** | Bac+1, 1re année de DEUG | Dossier et entretien | NC | NC | NC |
| **ESI** | Bac+1 informatique et bac+2 non-informatique (spécialité ingénierie technologique en informatique) | Dossier | NC | NC | NC |
| | Maths sup ou bac+1 (spécialité ingénierie informatique) | | | | |
| **ESIEA Paris** | Maths sup, 1re année de DEUG SSM, | Dossier, entretien, et concours, recrutement commun avec l'ESIEA Ouest | 50 | 24 | 11 maths sup |
| | DUT GEII BTS électronique, II, CPI, MAI | Dossier, entretien, recrutement commun avec l'ESIEA Ouest | 5 | 4 | 0 |
| **ESIEA Ouest** | Maths sup, 1re année de DEUG SSM | Dossier, entretien, recrutement commun avec l'ESIEA Paris | 50 | 24 | 11 maths sup |
| | DUT GEII, BTS électronique, II, CPI, MAI | Recrutement commun avec l'ESIEA Paris | NC | NC | NC |
| **ESIEE Paris** | DEUG SSM, DUT GEII | Dossier, tests scientifiques, entretien, examen oral d'anglais | 36 | 5 | 4 DEUG SSM |

| Écoles | Niveau requis | Modalités d'admission | Candidats 1994 | Admis 1994 | Entrés 1994 |
|---|---|---|---|---|---|
| **ESIEE Amiens** | DEUG, DUT | Dossier, tests et entretien | NC | NC | 0 |
| **ESITPA** | Maths spé bio, admissibles ENV, DEUG SNV | Dossier et entretien | 120 | NC | 15 (8 maths spé bio, 1 ENV, 6 DEUG SNV) |
| **ESME-Sudria** | Maths sup, 1re année DEUG SSM, BTS | Concours, dossier et entretien à partir de 1995 | 395 | 230 | 225 (216 maths sup, 7 1re année DEUG SSM, 2 BTS) |
| **INSFA** | DEUG SNV, DUT, BTS, admissibilité aux ENSA, ENITA ou ENV l'année du concours | Concours | 295 | NC | 12 (1 admissible ENSA-ENITA, 6 DEUG SNV, 2 BTS, 3 DUT) |
| **INSIA** | Bac+1, maths sup, maths sup bio | Dossier et entretien | NC | NC | NC |
| **IPSA** | Maths spé, DUT, DEUG SSM, BTS | Dossier et entretien | 30 | NC | 16 (7 DEUG SSM, 3 maths spé, 3 BTS phys, 1 DUT, 2 autres) |
| **ISD** | Bac+1 | Dossier, tests et entretien | 3 | 3 | 2 1re année DEUG SSM |
| **ISE** | Bac+1 BTS, DUT | Dossier, entretien | NC | NC | NC |

### Admission en cycle ingénieur

Ces écoles acceptent, en cycle ingénieur, les élèves de leur cycle préparatoire et des étudiants extérieurs de niveau bac+2 au minimum. L'EFREI, l'ESIEA Paris, l'ESIEA Ouest et l'ESME-Sudria participent à partir de 1995 au concours commun Écrin avec les écoles de la FESIC pour le recutement des maths spé.

### En première année (cycle ingénieur)

| Écoles | Niveau requis | Modalités d'admission | Candidats 1994 | Admis 1994 | Entrés 1994 |
|---|---|---|---|---|---|
| **EBI** | Admissibles aux concours ENSA, DEUG SSM, SNV, DUT, BTS scientifique, DEUST avec expérience professionnelle | Dossier et entretien, | 15 | 4 | 3 (1 DEUG SSM, 2 DEUG SNV) |
| **EFREI** | Maths spé, DEUG SSM, DUT GEII, MP, GTR, informatique, BTS électronique, et informatique industrielle | Dossier (Concours Écrin pour les maths spé à partir de 1995) | 250 | 81 | 57 (33 DUT, 3 BTS, 14 maths spé, 3 DEUG SSM, 1 licence, 3 ESTE) |
| **EIGSI** | DEUG SSM, DUT, maths spé | Dossier et entretien | NC | NC | NC |
| **EPF** | DEUG SSM, bac+2 | Dossier, test et entretien | 97 | 30 | 23 (5 DEUG SSM, 3 DUT, 2 BTS, 1 DEUST, 10 maths spé, 2 licences) |
| **EPITA** | Bac+2 | Dossier, tests et entretien | NC | NC | NC |
| **EPMI** | DEUG SSM, admission à une école d'ingénieurs | Concours externe et entretien | NC | NC | NC |

| Écoles | Niveau requis | Modalités d'admission | Candidats 1994 | Admis 1994 | Entrés 1994 |
|---|---|---|---|---|---|
| **ESI** | Bac+2 informatique (spécialité ingénieur technologique en informatique) | Dossier et entretien | NC | NC | NC |
| | Licence ès sciences (spécialité ingénierie informatique) | Dossier | | | |
| | DEUG SSM, maths spé, prépa HEC, (spécialité ingénierie informatique) | Concours option S (maths spé), option I (prépa HEC), option U (DEUG SSM) | | | |
| **ESIEA Ouest** | Maths spé, DEUG SSM | Concours particulier, recrutement commun avec l'ESIEA Paris ; concours Écrin à partir de 1995 | 1 | 1 | 0 |
| | Licence de maths, phy., ou électronique, maîtrise scientifique | Dossier, et entretien, recrutement commun avec l'ESIEA Paris | NC | NC | 0 |
| **ESIEA Paris** | Maths spé, DEUG SSM | Concours particulier ; concours Écrin à partir de 1995 | 101 | 66 | 15 maths spé |
| | Licence de maths, physique ou électronique, maîtrise | Dossier, entretien | 5 | 2 | 2 licences |
| **ESIEE Amiens** | Maths spé | Concours | 80 | NC | 17 |
| **ESIEE Paris** | Diplôme de technicien supérieur en génie électrique de l'ESTE ou équivalent bac+3 (cycle préparatoire de 6 mois) | Dossier, examen | NC | NC | 10 |

| Écoles | Niveau requis | Modalités d'admission | Candidats 1994 | Admis 1994 | Entrés 1994 |
|---|---|---|---|---|---|
| **ESITPA** | Admissibles ENSA, licence, maîtrise | Dossier et entretien, | 12 | NC | 2 (1 licence, 1 maîtrise) |
| **ESME-Sudria** | Maths spé M, M', P, P', T, T' | Concours propre ESME | 567 | 67 | 63 |
| | Maths spé M, M', P, P' | Concours, concours commun Écrin à partir de 1995 | 395 | 230 | 225 |
| | DUT GMP, MP, GEII, licence | Dossier et entretien | 25 | 8 | 8 (6 DUT GE, 1 GM, 1 MP) |
| | DEUG SSM | Concours | 14 | 2 | 2 |
| **ESTACA** | Maths spé T, TA, M, P, DEUG SSM, BTS CPI ou productique, DUT GMP ou GTE | Dossier | 426 | 56 | 19 (12 maths spé, 2 DEUG SSM, 3 DUT GMP, 2 DUT GTE |
| **ESTP Cachan** | | | | | 29 (22 conducteurs, 4 DUT, 3 BTS) |
| **ESTP Caen** | DUT GC ou BTS bâtiment, conducteur de travaux de l'ESTP | Dossier et entretien | 210 | NC | 24 (6 DUT, 18 BTS) |
| **ESTP Metz** | | | | | 22 (11 DUT, 6 conducteurs, 2 BTS, 1 DEUST, 2 autres) |
| **INSIA** | Maths spé, maths spé bio, DEUG, DEUST, BTS, DUT scientifiques | Dossier, entretien, tests et oraux | NC | NC | NC |
| **IPSA** | Maths spé 5/2 DEUG SSM en 3 ans | Dossier et entretien | 26 | NC | 13 (8 maths spé, 2 licence, 2 DEUG, 1 DUT) |

**BAC**
**RECRUTEMENT PRINCIPAL**

| Écoles | Niveau requis | Modalités d'admission | Candidats 1994 | Admis 1994 | Entrés 1994 |
|---|---|---|---|---|---|
| **ISD** | Bac+2 | Dossier, entretien et tests | 29 | 20 | 16 (2 maths spé, 3 BTS, 9 DUT, 1 3e année ESDI, 1 bac et expérience professionnelle) |
| **ISTOM** | DEUG ou BTS scientifique | Dossier, entretien et concours | 24 | NC | 15 |

## En deuxième année (cycle ingénieur)

| Écoles | Niveau requis | Modalités d'admission | Candidats 1994 | Admis 1994 | Entrés 1994 |
|---|---|---|---|---|---|
| **EFREI** | Maîtrise EEA, MST génie électrique, diplôme d'ingénieur | Dossier | 4 | 2 | 0 |
| **EIGSI** | Maîtrise scientifique, MST ou diplôme équivalent | Dossier et entretien | NC | NC | NC |
| **EPF** | Maîtrise sciences après DEUG SSM | Dossier, tests et entretiens | 10 | 6 | 2 maîtrises physique |
| | Maîtrise sciences après DEUG SNV (pour accès en filière électronique ou informatique) | Dossier, entretien | 12 | NC | 9 (3 MST biochimie, 2 MST électronique, 2 MST géologie) |
| **ESI** | Maîtrise (spécialité ingénierie informatique) | Dossier | NC | NC | NC |
| **ESIEE Paris** | Maîtrise EEA, certaines maîtrises de physique, MST | Dossier, entretien et examen oral d'anglais | 26 | 10 | 4 (3 maîtrises EEA, 1 diplôme étranger) |
| **ESIEE Amiens** | Maîtrise de sciences | Dossier, tests et entretiens | NC | NC | 0 |

| Écoles | Niveau requis | Modalités d'admission | Candidats 1994 | Admis 1994 | Entrés 1994 |
|---|---|---|---|---|---|
| **ESME-Sudria** | Maîtrise EEA ou MST | Sur titre | NC | 7 | 6 maîtrises EEA |
| **ESTACA** | Maîtrise mécanique des fluides, sciences des matériaux | Dossier et entretien | 30 | 12 | 5 maîtrises de mécanique |
| **ISD** | Bac+3 | Dossier, tests et entretien | 5 | 4 | 4 |

# LES FILIÈRES DECOMPS (groupe 6)

## Admissions principales

Ces nouvelles écoles proposent le plus souvent deux modes de recrutement : en formation initiale, pour des bacheliers (durée des études : cinq ans avec deux ans en alternance en entreprise) ; en formation continue pour des techniciens supérieurs avec quatre ou cinq ans d'expérience professionnelle (durée des études : 1 200 heures). Nous ne présentons ici que les formations initiales (moins répandues que les formations continues) : admission sur dossier, tests et entretien des élèves titulaires du bac.

| Écoles | Niveau requis | Modalités d'admission | Candidats 1994 | Admis 1994 | Entrés 1994 |
|---|---|---|---|---|---|
| **ENIC** | Bac F, C, D ou E | Dossier, entretien et épreuves écrites | 700 | 80 | 80 (51 C, 9 D, 16 E, 4 F) |
| **IG2i** | Bac C, D, E, F2, F3 | Dossier | 190 | 85 | 48 (24 C, 5 D, 4 bac+3, 15 E) |
| **ISAT** | Bac C, D, E, F1, F2, F3 | Dossier et entretien | NC | NC | 40 (16 C, 20 E, 2 D, 2 F) |
| **ISIV** | Bac E, C, F1, F3, D | Dossier, tests et entretien | 192 | NC | 32 (13 C, 13 E, 3 F, 3 D) |
| **NFI-informatique** | Bac C, D, E, F1, F2, F3 (spécialité techniques informatiques) | Dossier et entretien | 134 | NC | 34 (21 C, 8 D, 4 E, 1 F) |
| **NFIO** | Bac C, D, E, F2, F3 (spécialité techniques optroniques), F10 | Dossier et entretien | 500 | 70 | 70 (44 C, 10 D, 10 E, 6 F) |

## Admissions parallèles en première année (cycle ingénieur)

| Écoles | Niveau requis | Modalités d'admission | Candidats 1994 | Admis 1994 | Entrés 1994 |
|---|---|---|---|---|---|
| **ETS-IPHC** | BTS, DUT secteurs de la production | Dossier, tests et entretien | 180 | 48 | 45 (25 DUT 20 BTS productique) |
| **ISAT** | Bac+2, BTS, DUT | Dossier et entretien | NC | 5 | 5 (3 maths spé, 1 DUT, 1 BTS) |
| **ISIV** | BTS, DUT secteur industriel | Dossier, tests et entretien | 142 | 58 | 16 (9 DUT, 7 BTS) |
| **NFI informatique** | BTS, DUT informatique | Dossier et entretien | 133 | NC | 17 DUT |
| **NFIO** | DEUG, DUT BTS électronique, optique | Dossier, entretien | 200 | NC | 16 (8 BTS, 6 DEUG, 2 DUT) |

# LES FORMATIONS PAR L'APPRENTISSAGE (groupe 7)

Le recrutement s'adresse à des bacheliers de moins de 26 ans. La durée des études est de cinq ans. Les candidats signent un contrat d'apprentissage avec une entreprise. Pour les formations en apprentissage après bac+2, voir plus loin le groupe 22.

## Admissions principales en première année

| Écoles | Niveau requis | Modalités d'admission | Candidats 1994 | Admis 1994 | Entrés 1994 |
|---|---|---|---|---|---|
| **ESCPI-Ingénieurs 2 000** (ingénieurs de conception et production industrielles en électronique et informatique) | Bac STI spécialité génie électronique, bac S | Dossier, tests et entretien | 182 | NC | 23 |
| **ESCPI-Ingénieurs 2 000** (ingénieurs de conception et production industrielles en génie mécanique et systèmes de production) | Bac STI spécialité génie mécanique option productique mécanique, bac S | Dossier, tests et entretien | 272 | NC | 23 |
| **IFITEP** | Bac F2, F3, F5 | Dossier et entretien | 200 | 35 | 35 (18 F2, 17 F3) |
| **IST Vendée** | Bac D | Dossier et entretien | 50 | NC | 24 (21 bacs D, 2 C, 1 autre) |
| **ITII Champagne-Ardenne** (BTP) | Bac S, STI spécialité GCI, génie énergétique, STL spécialité physique de laboratoire et des procédés industriels | Dossier et entretien | 80 | 20 | 19 (18 bacs C, 6 D, 5 E) |

## Admissions en première année (cycle ingénieur)

| Écoles | Niveau requis | Modalités d'admission | Candidats 1994 | Admis 1994 | Entrés 1994 |
|---|---|---|---|---|---|
| **ESCPI-Ingénieurs 2 000** (ingénieurs de conception et production industrielles en électronique et informatique) | BTS, DUT | NC | NC | NC | NC |
| **ESCPI-Ingénieurs 2000** (ingénieurs de conception et production industrielles en génie mécanique et systèmes de production) | BTS, DUT | NC | NC | NC | NC |
| **IFITEP** | BTS GEII, DUT électronique DEUST secteur électronique | Dossier et entretien | 300 | NC | 38 (18 BTS, 8 DUT, 12 DEUST) |
| **IST Vendée** | BTS, DUT industriels | Dossier et entretien | 30 | 12 | 12 (4 BTS MAI, 3 BTS maintenance, 1 BTS productique, 1 BTS électronique, 1 BTS CPI, 2 DUT GMP) |

# LES ÉCOLES À BAC+1 (groupe 8)

## Admissions principales

Six écoles recrutent à bac+1 (après une année de maths sup) pour quatre années d'études : les mines d'Albi-Carmaux (EMAC), d'Alès (ENSTIMA), de Douai (ex-ENSTIMD) et de Nantes (ENSTIMN), l'École supérieure de plasturgie (ESP), l'École supérieure des procédés électroniques et optiques (ESPEO). Chacune organise son propre concours, qui a lieu au cours du mois de mai. L'ESPEO recrute sur dossier et entretien.

| Écoles | Niveau requis | Modalités d'admission | Candidats 1994 | Admis 1994 | Entrés 1994 |
|---|---|---|---|---|---|
| **EMAC** | Maths sup | Concours | 897 | 45 | 45 (23 maths sup dont 5 T, 16 maths spé M, M', P, P', 3 T, 3 TA) |
| **ENSTIMA** | Maths sup M, P, T, T', TA | Concours | 3 686 | 110 | 110 (58 maths sup MP, 18 T, 1 T', 2 TA,1 DEUG SSM 1re année, 17 maths spé M, M', P, 9 maths spé T, 4 TA) |
| **ENSTIMD (Mines de Douai)** | Maths sup, maths spé, 1re année de BTS, DEUG ou DUT | Concours | 3 936 | 1 229 | 115 (60 maths sup MP, 13 T, 1 TA, 25 maths spé M, P, 12 T, 4 TA, 1 divers) |
| **ENSTIMN** | Maths sup MP, T, TA, T' | Concours | 2 916 | 70 | 70 (23 maths sup MP, 6 T, 1 TA, 33 maths spé M, M', P, P', 5 T, 1 TA, 1 autre) |
| **ESP** | Maths sup et spé M, M', P, P', T, bac+2 | Concours et entretien | 140 | 29 | 18 (4 BTS, 6 DUT 8 maths sup et maths spé) |
| **ESPEO** | Maths sup MP, T, T', TA, DEUG SSM, 1re année DUT, BTS | Dossier et entretien | 140 | 48 | 47 (6 DEUG 1re année, 21 maths sup 16 DUT, 4 BTS) |

## Admissions parallèles

En admission parallèle, elles admettent également des bac+2 en deuxième année et des licences en troisième année. Les Mines de Douai recrutent en deuxième année des maths spé M, M', P', TA sur concours commun avec l'ENTPE, l'ENTM et l'ENSG.

### En deuxième année

| Écoles | Niveau requis | Modalités d'admission | Candidats 1994 | Admis 1994 | Entrés 1994 |
|---|---|---|---|---|---|
| **EMAC** | DEUG SSM, BTS, DUT | Concours | 30 | 4 | 2 DEUG |
| **ENSTIMA** | DEUG SSM, DUT, BTS scientifique ou industriel | Dossier et épreuves orales probatoires | 108 | 6 | 1 BTS électronique |
| **ENSTIMD (Mines de Douai)** | DEUG SSM, DUT, BTS | Dossier, entretien et tests | 227 | NC | 15 (6 DEUG SSM, 2 DUT, 1 BTS, 1 DEUST, 5 maths spé TS) |
| | Maths spé M, P', TA | Concours commun à l'ENSTIMD, l'ENTPE, l'ENTM, l'ENSG | NC | NC | 4 |
| **ENSTIMN** | DEUG SSM, DUT, BTS scientifique et technique | Dossier | 40 | 1 | 0 |
| **ESPEO** | DEUG SSM, post-DUT, post-BTS, maths spé | Dossier et entretien | 281 | 14 | 14 maths spé |

### En troisième année

| Écoles | Niveau requis | Modalités d'admission | Candidats 1994 | Admis 1994 | Entrés 1994 |
|---|---|---|---|---|---|
| **EMAC** | Maîtrise | Concours | NC | NC | NC |
| **ENSTIMA** | Licence, maîtrise scientifique | Dossier, épreuves orales probatoires | 41 | 3 | 1 MST, 1 maîtrise mécanique |
| **ENSTIMD (Mines de Douai)** | Licence ou maîtrise ès sciences | Dossier, entretien et examen | 40 | NC | 0 |
| **ENSTIMN** | Licence ou maîtrise ès sciences | Dossier, tests, entretien | 20 | 2 | 2 maîtrises |

# L'ÉCOLE POLYTECHNIQUE (groupe 9)

## Admission normale

Polytechnique recrute sur les programmes d'une part de M' et d'autre part de TA. Les candidats doivent avoir entre 17 et 22 ans et être reconnus aptes physiquement.

| Écoles | Niveau requis | Modalités d'admission | Candidats 1994 | Admis 1994 | Entrés 1994 |
|---|---|---|---|---|---|
| EP | Maths spé M', P' | Concours particulier | 2 218 | 491 | 391 (285 M', 106 P') |
| | Maths spé TA | Concours commun Mines-Ponts-Centrale-Supélec | 242 | NC | 1 |

## Admissions parallèles

Les admissions parallèles sont rares. L'X réserve dix places à des élèves de maths spé T' ou à des médaillés de l'ENSAM (10 premiers de la promotion).

| Écoles | Niveau requis | Modalités d'admission | Candidats 1994 | Admis 1994 | Entrés 1994 |
|---|---|---|---|---|---|
| EP | Diplôme ENSAM avec médaille | Concours particulier | 3 | NC | 2 |
| | Maths spé T' | Concours commun spécial | 241 | 181 | 6 |

# LES ÉCOLES DU CONCOURS CENTRALE-SUPÉLEC (groupe 10)



## Admission normale

Sept écoles ont assuré, en 1994, leur recrutement principal sur le concours commun appelé Centrale-Supélec, pour les élèves des classes prépas maths spé M, P' et TA.

L'IIE cependant n'utilise que l'écrit commun et organise ses propres épreuves orales. En outre, elle ne recrute pas sur l'option TA. L'ENSEA participe également au concours Centrale-Supélec (voir le concours Arts et Métiers, groupe 12).

Depuis 1992, l'option TA du concours Centrale-Supélec est commune avec celle du concours Mines-Ponts-Telecom (voir groupe 11). Le nombre de tentatives est limité à trois. Le secrétariat du concours est assuré par l'École centrale de Paris ; les épreuves ont lieu généralement au mois de mai et les inscriptions sont closes début janvier.

<table>
<tr><th>Écoles</th><th>Niveau requis</th><th>Modalités d'admission</th><th>Candidats 1994</th><th>Admis 1994</th><th>Entrés 1994</th></tr>
<tr><td>EC Lille</td><td rowspan="6">Maths spé M, P', TA</td><td rowspan="7">Concours commun Centrale-Supélec</td><td rowspan="7">9 300 MP' 242 TA</td><td rowspan="7">NC</td><td>144 (89 maths spé M, 55 P', 4 TA)</td></tr>
<tr><td>ECL</td><td>242 (176 maths spé M, 66 P', 3 TA)</td></tr>
<tr><td>ECN</td><td>133 (80 M, 53 P', 6 TA)</td></tr>
<tr><td>ECP</td><td>312 (210 M, 102 P', 5TA)</td></tr>
<tr><td>Supélec</td><td>265 (146 M, 115 P', 4 TA)</td></tr>
<tr><td>ESO</td><td>34 (17 M, 17 P')</td></tr>
<tr><td>IIE</td><td>Maths spé M, P'</td><td>80 (63 maths spé M, 17 P')</td></tr>
</table>

### Admissions parallèles

L'ECL, l'ECP, Supélec, l'ESO, l'EC Lille et l'ECN recrutent en première année des maths spé T' sur concours spécial. L'ECL, l'EC Lille, l'IIE et l'ECN recrutent des DEUG A sur le concours national Polytechniques physique. Supélec organise son propre recrutement sur DEUG A, sur dossier, tests et entretien. Supélec, l'ESO, l'ECL, l'EC Lille et l'ECN admettent sur dossier (avec, parfois, tests et entretien) des titulaires d'un DUT ou BTS spécialisé, l'IIE les admet sur concours. Supélec admet également en première année des diplômes étrangers sur concours et en scolarité payante. En deuxième année, ces sept écoles organisent chacune leur recrutement pour les titulaires d'une maîtrise scientifique ou un diplôme d'ingénieur.

#### En première année

| Écoles | Niveau requis | Modalités d'admission | Candidats 1994 | Admis 1994 | Entrés 1994 |
|---|---|---|---|---|---|
| **EC Lille** | DUT, maths spé TS | Dossier et entretien | 68 | 19 | 11 (2 maths spé TS, 9 DUT) |
| | DEUG SSM | Concours national DEUG A | 1 289 | 364 | 8 |
| | Maths spé T' | Concours spécial | 241 | 181 | 6 |
| **ECL** | DEUG SSM | Concours national DEUG A | 1 289 | 364 | 7 |
| | Maths spé T' | Concours spécial | 241 | 181 | 20 |
| | DUT GM, GE, GI | Dossier et entretien | 17 | 5 | 2 |
| | DEST | | 3 | 0 | 0 |
| | Auditeurs étrangers | | 13 | 9 | 8 |
| **ECN** | Maths spé T' | Concours spécial | 241 | 181 | 3 |
| | DEUG SSM | Concours national DEUG A | 1 289 | 364 | 12 |
| | DUT GMP, BTS mécanique ou automatisme | Dossier | 43 | 11 | 7 DUT |

| Écoles | Niveau requis | Modalités d'admission | Candidats 1994 | Admis 1994 | Entrés 1994 |
|---|---|---|---|---|---|
| **ECP** | Diplôme étranger dans le cadre du cycle international | Dossier et concours | 206 | NC | 11 |
| | Maths spé T' | Concours spécial | 241 | 181 | 5 |
| | Diplôme étranger dans le cadre du programme TIME | Dossier et entretien | 45 | 33 | 33 |
| **ESO** | Maths spé T' | Concours spécial | 241 | 181 | 3 |
| | Diplôme étranger d'ingénieur ou maîtrise étrangère de physique ou d'électronique | Dossier et entretien | NC | NC | NC |
| | BTS génie optique, option optique instrumentale et option photonique, DUT MP, maîtrise EEA | Dossier et tests écrits et oraux | 15 | 8 | 1 DUT |
| **IIE** | DUT et BTS informatiques | Concours particulier | 80 | 10 | 10 (3 BTS, 7 DUT) |
| | DEUG SSM | Concours national DEUG A | 1 289 | 364 | 7 |
| | Maths spé T' | Concours spécial | 241 | 181 | 5 |
| **Supélec** | Diplôme étranger | Concours | 223 | 64 | 14 |
| | Maths spé T' | Concours spécial | 241 | 181 | 4 |
| | DEUG SSM | Dossier, tests | 25 | 25 | 19 |
| | DUT GEII ou MP | | 3 | NC | 1 |

## En deuxième année

| Écoles | Niveau requis | Modalités d'admission | Candidats 1994 | Admis 1994 | Entrés 1994 |
|---|---|---|---|---|---|
| **EC Lille** | Maîtrise ès sciences ou diplôme équivalent | Dossier et entretien | 132 | 20 | 8 |
| **ECL** | Maîtrise ès sciences | Dossier et entretien | 157 | 25 | 10 |
| **ECN** | Maîtrise de mécanique, technologie de construction, EEA | Dossier et entretien | 134 | 39 | 21 (15 maîtrises mécanique, 2 technologie de construction, 1 productique, 1 sciences de l'industrie, 2 EEA) |
| **ECP** | Maîtrise ès sciences, diplôme d'ingénieur | Dossier, examen oral et entretien | 132 | 23 | 21 maîtrise |
| **ESO** | Maîtrise de physique avec mention, diplôme d'ingénieur, diplôme de Polytechnique | Dossier | 55 | 22 | 13 (12 maîtrises de physique, 1 ingénieur – Bruxelles) |
| **IIE** | Maîtrise ès sciences, diplôme d'ingénieur, DEST du CNAM (mention informatique) | Sur titre + examen oral | 8 | 1 | 1 maîtrise informatique |
| **Supélec** | Diplôme d'ingénieur (habilité), maîtrises ès sciences (physique, EEA, MAF...) | Dossier | 236 | 102 | 63 |

# LES ÉCOLES DU CONCOURS MINES-PONTS-TELECOM (groupe 11)

## Admission normale

Ce concours regroupe huit écoles. Les candidats ayant choisi l'option TA sont désormais recrutés par le biais du concours Centrale. Il n'y a pas de limite d'âge, sauf à l'ENPC, à l'ENSMP et à l'EMSE, où elle est fixée à 22 ans. Ces écoles offrent aussi quelques places aux maths spé T' (concours dit « spécial »). À partir de la rentrée 1995, l'EMN recrute également en première année après le cycle préparatoire polytechnique (CPP).

| Écoles | Niveau requis | Modalités d'admission | Candidats 1994 | Admis 1994 | Entrés 1994 |
|---|---|---|---|---|---|
| **EMN** | Maths spé M, P' | Concours commun Mines-Ponts | 7 274 | 2 366 | 97 (51 M, 46 P') |
| | Maths spé TA | Concours Centrale-Supélec | 242 | NC | 1 |
| **EMSE** | Maths spé M, P' | Concours commun Mines-Ponts | 7 274 | 2 366 | 101 (35 M, 36 P', 24 M', 6 P) |
| | Maths spé TA | Concours Centrale-Supélec | 242 | NC | 0 |
| **ENPC** | Maths spé M, P' | Concours commun Mines-Ponts | 7 274 | 2 366 | 83 (52 M, 31 P') |
| | Maths spé TA | Concours Centrale-Supélec | 242 | NC | 2 |
| **ENSAE Toulouse** | Maths spé M, P' | Concours commun Mines-Ponts | 7 274 | 2 366 | 94 (60 M, 33 P', 1 P) |
| | Maths spé TA | Concours Centrale-Supélec | 242 | NC | 0 |
| **ENSMP** | Maths spé M, P' | Concours commun Mines-Ponts | 7 274 | 2 366 | 90 (52 M, 38 P') |
| | Maths spé TA | Concours Centrale-Supélec | 242 | NC | 1 |

| Écoles | Niveau requis | Modalités d'admission | Candidats 1994 | Admis 1994 | Entrés 1994 |
|---|---|---|---|---|---|
| **ENST** | Maths spé M, P' | Concours commun Mines-Ponts | 7 274 | 2 366 | 112 (73 M, 39 P') |
| | Maths spé TA | Concours Centrale-Supélec | 242 | NC | 1 |
| **ENST Bretagne** | Maths spé M, P' | Concours commun Mines-Ponts | 7 274 | 2 366 | 104 (61 M, 43 P') |
| | Maths spé TA | Concours Centrale-Supélec | 242 | NC | 1 |
| **ENSTA** | Maths spé M, P' | Concours commun Mines-Ponts | 7 274 | 2 366 | 73 (46 M, 27 P') |
| | Maths spé TA | Concours Centrale-Supélec | 242 | NC | 1 |

## Admissions parallèles

Les trois écoles des mines (EMN, EMSE et ENSMP) organisent une sélection commune sur dossier pour les DEUG A (DEUG SSM – sciences des structures et de la matière) et les DUT. Modalités de recrutement communes aussi à ces écoles pour l'admission en deuxième année, avec une maîtrise ou un diplôme d'ingénieur, admission propre pour les autres écoles du groupe.

### En première année

| Écoles | Niveau requis | Modalités d'admission | Candidats 1994 | Admis 1994 | Entrés 1994 |
|---|---|---|---|---|---|
| **EMN** | DUT, DEUG SSM | Dossier et examen commun à Nancy, Paris, Saint-Étienne | 49 | 5 | 3 (1 DEUG, 2 diplômes étrangers) |
| | Maths spé T' | Concours spécial | 241 | 181 | 5 |
| **EMSE** | DEUG SSM, DUT | Dossier et examen commun à Nancy, Paris, Saint-Étienne | 49 | 5 | 1 DEUG |
| | Maths spé T' | Concours spécial | 241 | 181 | 5 |

| Écoles | Niveau requis | Modalités d'admission | Candidats 1994 | Admis 1994 | Entrés 1994 |
|---|---|---|---|---|---|
| **ENPC** | Maths spé T' | Concours spécial | 241 | 181 | 2 |
| **ENSAE Toulouse** | Maths spé T' | Concours spécial | 241 | 181 | 4 |
| **ENSMP** | DEUG SSM ou DUT | Dossier, examen commun à Nancy, Paris, Saint-Étienne | 49 | 5 | 1 DEUG SSM |
| | Maths spé T' | Concours spécial | 241 | 181 | 4 |
| **ENST** | | | | | 5 |
| **ENST Bretagne** | Maths spé T' | Concours spécial | 241 | 181 | 4 |
| **ENSTA** | | | | | 4 |

## En deuxième année

| Écoles | Niveau requis | Modalités d'admission | Candidats 1994 | Admis 1994 | Entrés 1994 |
|---|---|---|---|---|---|
| **EMN** | Maîtrise, diplôme de Polytechnique, DEST | Dossier, examens oraux, entretien commun à Nancy, Paris, Saint-Étienne | 240 | 95 | 13 (10 maîtrises, 1 polytechnicien, 2 étrangers) |
| **EMSE** | Maîtrise, diplôme de Polytechnique, DEST | | | | 4 (3 diplômes étrangers, 1 autre) |
| **ENPC** | Officiers d'active, ingénieurs élèves (corpsards) | Dossier | NC | 43 | 42 (4 officiers d'active, 38 ingénieurs élèves de Polytechnique) |
| | Diplôme d'ingénieur, maîtrise sciences mention assez bien, étudiant en maîtrise avec licence mention bien, diplôme de Polytechnique | Dossier et tests oraux, entretien | NC | 44 | 42 (28 polytechniciens, 12 maîtrises, 2 ENS) |

| Écoles | Niveau requis | Modalités d'admission | Candidats 1994 | Admis 1994 | Entrés 1994 |
|---|---|---|---|---|---|
| **ENSAE Toulouse** | Diplôme d'ingénieur, maîtrise (mention B ou TB recommandée), les ingénieurs de l'armement sont admis de droit | Dossier | 218 | NC | 51 (16 ingénieurs de l'armement, 25 maîtrise, 5 ingénieurs, 5 diplômes étrangers) |
| **ENSMP** | Maîtrise, diplôme polytechnicien, DEST | Dossier, examens oraux, entretien commun à Nancy, Paris, Saint-Étienne | 240 | 95 | 27 (21 polytechniciens, 4 maîtrises, 1 diplôme étranger, 1 DEST) |
| **ENST** | Diplôme d'ingénieur, de Polytechnique ou de l'ENSAM, maîtrise de maths fondamentales ou appliquées, d'informatique, de physique et EEA | Dossier et entretien | 517 | NC | 117 (72 maîtrises, 36 polytechniciens, 6 officiers, 2 étrangers, 1 ENSAM) |
| **ENST Bretagne** | Maîtrise ès sciences (maths, physique, EEA) ou diplôme d'ingénieur | Dossier et entretien | 517 | 82 | 45 maîtrises |
| **ENSTA** | Diplôme de Polytechnique, des écoles du concours commun de Centrale, de Supélec, maîtrises scientifiques, ingénieurs de l'armement (admission de droit | Dossier et entretien | NC | 136 | 75 (27 maîtrises, 18 polytechniciens civils, 17 polytechniciens du corps de l'armement, 13 officiers) |

# LES ÉCOLES DU CONCOURS ARTS ET MÉTIERS (groupe 12)

**Admission normale**

Le concours des Arts et Métiers regroupe l'École nationale supérieure des arts et métiers (à Paris et dans six centres régionaux), l'École nationale supérieure des arts et industries de Strasbourg (ENSAIS), l'École nationale supérieure de céramique industrielle (ENSCI) et l'École nationale supérieure de l'électronique et de ses applications (ENSEA).

Le concours porte sur les options T et TA de maths spé. On ne peut se présenter plus de deux fois au concours (pas de limite d'âge). Chaque école a ses propres coefficients. En 1994, il y a eu 3 166 candidats et 1 148 admis.

L'ENSAIS admet également sur bac C ou E (avec mention) en cycle préparatoire de deux ans à l'issue duquel les élèves passent un concours spécial qui comporte les deux mêmes options que celles proposées pour le concours Arts et Métiers : génie civil et topographie (option B) et génie mécanique, plasturgie, électrotechnique et électronique industrielle, génie climatique et énergétique (option C).

Trois écoles, le CESTI, l'ENSHMG et l'ENSMM – traitées dans le groupe 13 – participent également au concours Arts et Métiers (pour l'option T uniquement).

<table>
<tr><th>Écoles</th><th>Niveau requis</th><th>Modalités d'admission</th><th>Candidats 1994</th><th>Admis 1994</th><th>Entrés 1994</th></tr>
<tr><td>ENSAIS</td><td rowspan="4">Maths spé T, TA</td><td>Concours commun Arts et Métiers, options B et C</td><td rowspan="4">3 166</td><td rowspan="4">1 148</td><td>142 (139 T, 3 TA)</td></tr>
<tr><td>ENSAM</td><td rowspan="3">Concours commun Arts et Métiers</td><td>837 (809 T, 28 TA répartis dans les CER de province)</td></tr>
<tr><td>ENSCI</td><td>15 T</td></tr>
<tr><td>ENSEA</td><td>38 (32 T, 6 TA)</td></tr>
</table>

### Admissions parallèles

En admission parallèle, l'ENSEA et l'ENSAM recrutent des maths spé T' sur le concours dit « spécial ». L'ENSAIS et l'ENSEA organisent un concours commun en première année pour des DUT génie électrique et informatique industrielle, mesures physiques, BTS électronique et électrotechnique.

L'ENSAIS et l'ENSAM organisent également un concours commun pour le DUT génie mécanique et productique, les BTS assistance technique d'ingénieur, conception de produits industriels, mécanique et automatismes industriels, productique et des maths spé TS. Enfin, l'ENSEA recrute des maths spé M et P' sur le concours Centrale-Supélec.

### En première année

| Écoles | Niveau requis | Modalités d'admission | Candidats 1994 | Admis 1994 | Entrés 1994 |
|---|---|---|---|---|---|
| **ENSAIS** | DUT GCi, DUT GTE, BTS ETE | Concours spécial (filières génie civil, génie climatique et énergétique, toppographie) | 152 | 8 | 18 |
| | DUT MP et GEII, BTS électronique, électro-technique | Concours commun ENSEA-ENSAIS (filières électro-technique et électronique industrielle) | 669 | 64 | 13 |
| | DUT GMP, GEII GTE, BTS ATI, CPI, MAI électronique, micro-technique productique, maths spé TS | Concours commun ENSAM-ENSAIS (filière génie mécanique) | 498 | 113 | 13 (6 DUT GMP, 5 BTS CPI, 1 ATI, 1 MAI) |
| **ENSAM** | DUT GMP, GEII, GTE, BTS ATI, CPI, productique, électro-technique, microtechnique MAI, maths spé TS | Concours commun ENSAM-ENSAIS (filière génie mécanique) | 498 | 113 | 82 (46 DUT 25 BTS, 11 maths spé TS répartis dans les CER de province) |
| | Maths spé T' | Concours spécial | 241 | 181 | 9 répartis dans les CER de province |

| Écoles | Niveau requis | Modalités d'admission | Candidats 1994 | Admis 1994 | Entrés 1994 |
|---|---|---|---|---|---|
| **ENSCI** | Maths spé P, P' | Concours commun Polytechnique, chimie P | 5 449 | 2 016 | 19 |
| | DUT GTE, GMP, MP, chimie, génie chimique, BTS physicien, chimiste, industries céramiques | Concours | 65 | NC | 6 DUT MP |
| **ENSEA** | Maths spé M, P', TA | Concours commun Centrale-Supélec | 9 300 MP'<br>242 TA | NC | 35<br>(20 M, 15 P') |
| | DUT GE, MP, BTS électronique, électro-technique et BTS physicien, assistance technique d'ingénieurs, mécanique-automatique | Concours commun avec l'ENSAIS (filière électro-technique et électronique industrielle) | 669 | 64 | 55<br>(28 DUT,<br>27 BTS) |
| | Maths spé T' | Concours spécial | 241 | 181 | 4 |

## En deuxième année

| Écoles | Niveau requis | Modalités d'admission | Candidats 1994 | Admis 1994 | Entrés 1994 |
|---|---|---|---|---|---|
| **ENSAIS** | Maîtrise, MST spécialités génie mécanique, plasturgie, génie climatique ou énergétique | Concours | 38 | 11 | 8 |
| **ENSAM** | Maîtrise ou DEST du CNAM à dominante mécanique, énergétique ou électricité, MST diplôme d'ingénieur | Dossier, entretien, concours | 106 | 17 | 13<br>(8 maîtrises,<br>1 MST,<br>2 DEST,<br>2 ingénieurs répartis dans les CER de province) |

| Écoles | Niveau requis | Modalités d'admission | Candidats 1994 | Admis 1994 | Entrés 1994 |
|---|---|---|---|---|---|
| **ENSCI** | Maîtrise scientifique, MST | Concours | 51 | NC | 13 |
| **ENSEA** | Maîtrise sciences, MST comportant un certificat en électronique | Dossier et examen oral | 50 | 3 | 3 (2 maîtrises EEA, 1 MST) |

# LES ÉCOLES DES CONCOURS POLYTECHNIQUES PHYSIQUE (groupe 13)

### Admission normale

Les concours Polytechniques physique regroupent 26 écoles ; la majorité sont des écoles nationales supérieures d'ingénieurs (ENSI), qui ont un statut universitaire, mais d'autres écoles recrutent sur ces mêmes concours. En 1994, 6 680 candidats ont présenté le concours M (qui débouche sur 22 écoles), 2 415 ont été admis ; 6 320 ont présenté le concours P (qui débouche sur 21 écoles), 2 680 ont été admis ; 600 ont présenté le concours TA (qui débouche également sur 21 écoles), 221 ont été admis. Quelques places sont offertes aux maths spé T', dans le cadre du concours dit « spécial ».

CPE, traitée dans le groupe 14, recrute également sur concours Polytechniques physique P.

| Écoles | Niveau requis | Modalités d'admission | Candidats 1994 | Admis 1994 | Entrés 1994 |
|---|---|---|---|---|---|
| CESTI | | | | | NC |
| EFPG | | | | | 44 (19 M, 23 P, 2 TA) |
| ENSEEG | | | | | 83 (30 M, 51 P, 2 TA) |
| ENSEEIHT | | | | | 198 (90 M, 101 P 7 TA) |
| ENSEM | Maths spé M, P, TA | Concours commun Polytechniques physique | 6 680 M 6 320 P 600 TA | 2 415 M 2 680 P 2 221 TA | 104 (34 M, 62 P, 8 TA) |
| ENSERB | | | | | 93 (48 M, 41 P, 4 TA) |
| ENSERG | | | | | 92 (40 M, 50 P, 2 TA) |
| ENSGTI | Maths spé M, P | | 6 680 M 6 320 P | 2 415 M, 2 680 P | 30 (7 M, 23 P) |

| Écoles | Niveau requis | Modalités d'admission | Candidats 1994 | Admis 1994 | Entrés 1994 |
|---|---|---|---|---|---|
| ENSHMG | | | 6 680 M<br>6 320 P<br>600 TA | 2 415 M<br>2 680 P | 70 (36 M, 30 P, 4 TA) |
| ENSICA | | | | | 72 (34 M, 37 P, 1 TA) |
| ENSIEG | | | | | 129 (53 M, 73 P, 3 TA) |
| ENSIGC | | | | | 45 (9 M, 35 P, 1 TA) |
| ENSIMAG | | | | | NC |
| ENSIMEV | | | | | 78 (36 M, 34 P, 8 TA) |
| ENSITM | | | | | 23 (7 M, 5 P 11 TA) |
| ENSMA | Maths spé M, P, TA | Concours commun Polytechniques physique | 6 937 M<br>6 652 P<br>592 TA | 2 400 M<br>2 774 P<br>207 TA | 107 (51 M, 53 P, 3 TA) |
| ENSMM | | | | | 72 (22 M, 38 P, 12 TA) |
| ENSPG | | | | | 78 (30 M, 47 P, 1 TA) |
| ENSPM | | | | | 58 (27 M, 29 P, 2 TA) |
| ENSPS | | | | | 60 (23 M, 33 P, 4 TA) |
| ESM 2 | | | | | 47 (23 M, 21 P, 3 TA) |
| ISIMA | | | | | 29 (21 M, 1 P, 7 TA) |
| ISMRA | | | | | 104 (29 M, 72 P, 3 TA) |

### Admissions parallèles

En admission parallèle en première année, les ENSI organisent un concours national réservé aux titulaires du DEUG SSM (ou DEUG A), auquel participent l'ENAC, l'EC Lille, l'ECL, l'ESM2, l'ENSG, l'ECN, l'IIE, l'ENSIC et l'ESI-GTI. L'ENSMM et l'ENSHMG admettent par ailleurs, en admission parallèle en première année, des élèves de maths spé T dans le cadre du concours Arts et Métiers. Les ENSI admettent également, sur dossier, des titulaires d'un BTS ou d'un DUT, en première année (dans une spécialité appropriée ou après une maths spé TS pour les BTS le plus souvent), et des titulaires d'une maîtrise, d'une MST ou d'un diplôme d'ingénieur en deuxième année.

### En première année

| Écoles | Niveau requis | Modalités d'admission | Candidats 1994 | Admis 1994 | Entrés 1994 |
|---|---|---|---|---|---|
| **CESTI** | Maths spé T | Concours ENSAM sur option maths spé T | NC | NC | NC |
| | DUT, BTS, maths spé TS | Dossier, épreuves et entretien | NC | NC | NC |
| | DEUG SSM | Concours national DEUG A | 1 289 | 364 | NC |
| **EFPG** | Maths spé T' | Concours spécial | 241 | 181 | 1 |
| | DUT, maths spé TS | Dossier | 29 | 6 | 3 (1 DUT, 2 maths spé TS) |
| | DEUG SSM | Concours national DEUG A | 1 289 | 364 | 5 |
| | Maths spé TB | Concours commun Polytechniques chimie TB | 49 | 25 | 1 |
| **ENSEEG** | DUT chimie, MP, GTE, GMP, GCh | Dossier | 25 | 12 | 3 |
| | DEUG SSM | Concours national DEUG A, dossier à partir de 1995 | 1 289 | 364 | 7 |
| | Maths spé T' | Concours spécial | 241 | 181 | 3 |

| Écoles | Niveau requis | Modalités d'admission | Candidats 1994 | Admis 1994 | Entrés 1994 |
|---|---|---|---|---|---|
| **ENSEEIHT** | Maths spé T' | Concours spécial | 241 | 181 | 11 |
| | DUT, BTS | Dossier | 450 | 40 | 31 (25 DUT, 3 maths spé TS, 3 BTS) |
| | DEUG SSM | Concours national DEUG A | 1 289 | 364 | 28 |
| **ENSEM** | Maths spé T' | Concours spécial | 241 | 181 | 3 |
| | DUT GE, GM, MP, BTS électro-technique, maths spé TS | Dossier et épreuves orales | 51 | 8 | 3 DUT |
| | DEUG A | Concours national DEUG A | 1 289 | 364 | 5 |
| **ENSERB** | DUT GEII, informatique, BTS électronique | Dossier | 190 | 17 | 17 (13 DUT, 4 BTS) |
| | DEUG SSM | Concours national DEUG A | 1 289 | 364 | 8 |
| **ENSERG** | DUT, BTS, maths spé TS | Dossier | 104 | 23 | 15 DUT |
| | DEUG SSM | Dossier | 2 | 2 | 0 |
| **ENSGTI** | DEUG SSM | Concours national DEUG A | 1289 | 364 | 2 |
| | DUT Gch, GTE, MP | Dossier, entretien | 100 | 16 | 6 |

| Écoles | Niveau requis | Modalités d'admission | Candidats 1994 | Admis 1994 | Entrés 1994 |
|---|---|---|---|---|---|
| **ENSHMG** | DUT GMP, MP, GTE et GCi, BTS, maths spé TS | Dossier | 108 | 39 | 13 DUT |
| | Maths spé T | Concours commun des Arts et Métiers, ENSMM, ENSHMG | 2 598 | 1 090 | 25 |
| | Maths spé T' | Concours spécial | 241 | 181 | 2 |
| | DEUG SSM | Concours national DEUG A | 1 289 | 364 | 3 |
| **ENSICA** | DEUG SSM | Concours national DEUG A | 1 289 | 364 | 7 |
| | Maths spé T' | Concours spécial | 241 | 181 | 2 |
| **ENSIEG** | DUT, BTS ou maths spé TS | Dossier | 112 | 21 | 10 (9 DUT, 1 BTS) |
| | DEUG SSM | Concours national DEUG A | 1 289 | 364 | 4 |
| | Maths spé T' | Concours spécial | 241 | 181 | 1 |
| **ENSIGC** | DUT | Dossier | 56 | 20 | 8 (7 DUT Gch, 1 DUT MP) |
| | DEUG SSM | Concours national DEUG A | 1 289 | 364 | 8 |
| **ENSIMAG** | Maths spé T' | Concours spécial | 241 | 181 | NC |
| | DUT informatique | Dossier | NC | NC | NC |
| | DEUG SSM | Concours national DEUG A | 1 289 | 364 | NC |
| **ENSIMEV** | DUT GTE, GMP, MI | Dossier | 68 | 6 | 3 |
| | DEUG SSM | Concours national DEUG A | 1 289 | 364 | 15 |

| Écoles | Niveau requis | Modalités d'admission | Candidats 1994 | Admis 1994 | Entrés 1994 |
|---|---|---|---|---|---|
| **ENSTIM** | DUT, BTS, maths spé TS | Dossier, tests et entretien | 80 | NC | 2 DUT |
| | DEUG SSM | Concours national DEUG A | 1 289 | 364 | 8 |
| **ENSMA** | DUT GMP, GTE, BTS + maths spé TS, licence maths ou physique | Dossier | 85 | 20 | 7 (4 DUT, 2 licences, 1 divers) |
| | DEUG SSM | Concours national DEUG A | 1 289 | 364 | 5 |
| | Maths spé T' | Concours spécial | 241 | 181 | 2 |
| **ENSMM** | DUT GMP, MP, GEII (options électronique ou automatismes et systèmes), chimie (option sciences des matériaux), maths spé TS | Dossier | 190 | NC | 9 (8 DUT GM 1 maths spé TS) |
| | Maths spé T | Concours commun Arts et Métiers, ENSMM, ENSHMG | 2 599 | 1 090 | 28 |
| | Maths spé T' | Concours spécial | 241 | 181 | 0 |
| | DEUG SSM | Concours national DEUG A | 1 289 | 364 | 2 |
| **ENSPG** | DUT, titre étranger équivalent, DEUG SSM | Dossier | 146 | 18 | 13 (6 DUT, 7 DEUG) |
| | Sportifs de haut niveau | | NC | NC | 0 |
| **ENSPM** | Maths spé T' | Concours spécial | 241 | 181 | 3 |
| | DUT, maths spé TS | Dossier et entretien | NC | NC | 3 (2 DUT, 1 spé TS) |
| | DEUG SSM | Concours national DEUG A | 1 289 | 364 | 6 |

| Écoles | Niveau requis | Modalités d'admission | Candidats 1994 | Admis 1994 | Entrés 1994 |
|---|---|---|---|---|---|
| **ENSPS** | DUT GEII, MP ou BTS | Dossier | 56 | 5 | 1 DUT |
| | DEUG SSM | Concours national DEUG A | 1 289 | 364 | 9 |
| **ESM2** | DEUG SSM | Concours national DEUG A | 1 289 | 364 | 9 |
| | DUT, BTS, maths spé TS | Dossier, entretien | 100 | 2 | 0 |
| **ISIMA** | DEUG SSM ou SNV, DUT informatique | Dossier, entretien | 139 | 32 | 19 (13 DEUG, 5 DUT, 1 BTS) |
| **ISMRA** | DUT, BTS | Concours sur titre | 165 | 30 | 20 DUT |
| | DEUG SSM | Concours national DEUG A | 1 289 | 364 | 8 |

## En deuxième année

| Écoles | Niveau requis | Modalités d'admission | Candidats 1994 | Admis 1994 | Entrés 1994 |
|---|---|---|---|---|---|
| **EFPG** | MST, maîtrise | Dossier | 20 | 4 | 2 |
| **ENSEEG** | Maîtrise chimie, physique, physique-chimie, MST | Dossier | 34 | 13 | 9 (7 maîtrises, 2 MST) |
| **ENSEEIHT** | Maîtrise ès sciences, MST | Dossier | 500 | 46 | 37 |
| **ENSEM** | Maîtrise ès sciences | Dossier et entretien | 123 | 24 | 10 |
| **ENSERB** | Maîtrise EEA, physique, télécomms, mécanique (pour la filière électronique), maîtrise d'informatique, de maths, MIAGE (pour la filière informatique), diplôme d'ingénieur | Dossier | 120 | 20 | 16 (15 maîtrises, 1 diplôme d'ingénieur) |

| Écoles | Niveau requis | Modalités d'admission | Candidats 1994 | Admis 1994 | Entrés 1994 |
|---|---|---|---|---|---|
| **ENSERG** | Maîtrise EEA | Dossier | 127 | NC | 2 maîtrises |
| **ENSGTI** | Maîtrise ou MST physique, chimie | Dossier, entretien | 24 | NC | 0 |
| **ENSHMG** | Maîtrise ès sciences | Dossier | 258 | 57 | 22 (18 maîtrises ou MST, 4 diplômes étrangers) |
| **ENSICA** | Maîtrise ès sciences ou diplôme d'ingénieur | Dossier, tests et entretien | 168 | 20 | 5 (2 maîtrises mécanique, 3 physique) |
| **ISMRA** | Maîtrise sciences ou MST | Concours sur titre | 123 | 34 | 21 (8 maîtrises de chimie, 13 physique, maths ou SPI) |

# LES ÉCOLES DES CONCOURS POLYTECHNIQUES CHIMIE (groupes 14, 15)

## Admissions principales

Depuis 1991, les concours régionaux des ENSI de chimie sont remplacés par trois concours : chimie TB pour toutes les écoles (au nombre de 13), ouvert aux élèves de maths spé TB ; chimie P (anciennement chimie Nord et Sud), qui concerne dix écoles, pour les maths spé P et P' ; chimie P' (anciennement chimie Centre), qui concerne trois écoles, pour les maths spé P et P'.

L'ENSCl, traitée dans le groupe 12, recrute également sur concours Polytechniques chimie P. Quant à l'EFPC (groupe 13), elle recrute sur concours Polytechniques chimie TB.

### CONCOURS COMMUN POLYTECHNIQUES CHIMIE P

| Écoles | Niveau requis | Modalités d'admission | Candidats 1994 | Admis 1994 | Entrés 1994 |
|---|---|---|---|---|---|
| **CPE Lyon** | Maths spé P, P' | Concours commun Polytechniques chimie P | 5 449 | 2 016 | 49 |
| | Maths spé TB | Concours commun Polytechniques chimie TB | 49 | 25 | 2 |
| **EHICS** | Maths spé TB | Concours commun Polytechniques chimie TB | 49 | 25 | 1 |
| | Maths spé P, P' | Concours commun Polytechniques chimie P | 5 449 | 2 016 | 31 |
| **ENSCCF** | Maths spé TB | Concours commun Polytechniques chimie TB | 49 | 25 | 2 |
| | Maths spé P, P' | Concours commun Polytechniques chimie P | 5 449 | 2 016 | 37 |
| **ENSCL** | Maths spé TB | Concours commun Polytechniques chimie TB | 49 | 25 | 1 |
| | Maths spé P, P' | Concours commun Polytechniques chimie P | 5 449 | 2 016 | 49 |

| Écoles | Niveau requis | Modalités d'admission | Candidats 1994 | Admis 1994 | Entrés 1994 |
|---|---|---|---|---|---|
| **ENSCM** | Maths spé TB | Concours commun Polytechniques chimie TB | 49 | 25 | 5 |
| | Maths spé P, P' | Concours commun Polytechniques chimie P | 5 449 | 2 016 | 59 |
| **ENSCMu** | Maths spé P, P' | Concours commun Polytechniques chimie P | 5 449 | 2 016 | 29 |
| | Maths spé TB | Concours commun Polytechniques chimie TB | 49 | 25 | 4 |
| **ENSCPB** | Maths spé P, P' | Concours commun Polytechniques chimie P | 5 449 | 2 016 | 45 |
| | Maths spé TB | Concours commun Polytechniques chimie TB | 49 | 25 | 2 |
| **ENSCR** | Maths spé TB | Concours commun Polytechniques chimie TB | 49 | 25 | 1 |
| | Maths spé P, P' | Concours commun Polytechniques chimie P | 5 449 | 2 016 | 36 |
| **ENSCT** | Maths spé TB | Concours commun Polytechniques chimie TB | 49 | 25 | 1 |
| | Maths spé P, P' | Concours commun Polytechniques chimie P | 5 449 | 2 016 | 43 |

| Écoles | Niveau requis | Modalités d'admission | Candidats 1994 | Admis 1994 | Entrés 1994 |
|---|---|---|---|---|---|
| ENSS-PICAM | Maths spé TB | Concours commun Polytechniques chimie TB | 49 | 25 | 1 |
| | Maths spé P, P' | Concours commun Polytechniques chimie P | 5 449 | 2 016 | 34 |

## CONCOURS COMMUN POLYTECHNIQUES CHIMIE P'

### En première année

| Écoles | Niveau requis | Modalités d'admission | Candidats 1994 | Admis 1994 | Entrés 1994 |
|---|---|---|---|---|---|
| ENSCP | Maths spé TB | Concours commun Polytechniques chimie TB | 49 | 25 | 0 |
| | Maths spé P, P' | Concours commun Polytechniques chimie P' | 4 649 | 1 401 | 57 |
| ENSIC | Maths spé P, P' | Concours commun Polytechniques chimie P' | 4 649 | 1 401 | 82 |
| | Maths spé TB | Concours commun Polytechniques chimie TB | 49 | 25 | 2 |
| ESPCI | Maths spé TB | Concours commun Polytechniques chimie TB | 49 | 25 | 0 |
| | Maths spé P, P' | Concours commun Polytechniques chimie P' | 4 649 | 1 401 | 66 |

**Admissions parallèles**

Les écoles de chimie admettent en admission parallèle en première année des titulaires du DEUG SSM ou A : sur le concours national pour l'ENSIC de Nancy et sur des concours communs pour les ENSI de Lille, Mulhouse, Strasbourg, de même que pour les ENSI de Bordeaux, Montpellier, Toulouse, Marseille. Elles recrutent également des DEUG SNV ou B, des BTS, des DUT ou des licences sur dossier ou concours. Il est à noter que l'ENSCM et l'ENSCL ont également une admission parallèle en première année sur maths spé bio, dans le cadre d'un concours commun avec les ENSA. En deuxième année, l'admission est ouverte aux titulaires d'une maîtrise de chimie, de physique, d'une MST, éventuellement d'un diplôme d'ingénieur, selon des modalités propres à chaque école.

## CONCOURS POLYTECHNIQUES CHIMIE P

### En première année

| Écoles | Niveau requis | Modalités d'admission | Candidats 1994 | Admis 1994 | Entrés 1994 |
|---|---|---|---|---|---|
| **EHICS** | Diplôme bac+2 européen | Dossier et entretien par commission mixte université-EHICS | NC | 17 | 17 |
| | Maths spé T' | Concours spécial | 241 | 181 | 0 |
| | DEUG SSM | Concours commun ENSI Lille, Mulhouse, Strasbourg | 108 | 27 | 7 |
| | DUT, BTS | Dossier | NC | 6 | 5 (2 DUT, 2 licences, 1 DEUG) |
| **ENSCCF** | DUT chimie, MP, GCh ou BTS chimiste | Dossier | 79 | 7 | 7 (5 DUT chimie, 2 MP) |
| | DEUG SSM | Concours particulier | 87 | 15 | 15 |

| Écoles | Niveau requis | Modalités d'admission | Candidats 1994 | Admis 1994 | Entrés 1994 |
|---|---|---|---|---|---|
| **ENSCL** | Maths spé bio | Concours A commun ENSA (concours commun ENSCL, ENSCM, ENSCP, ESPCI en 1995) | 1 830 | 630 | 0 |
| | DEUG SSM | Concours commun ENSI Strasbourg, Mulhouse, Lille | 108 | 27 | 6 |
| | DUT chimie, MP, BTS chimie | Dossier | 63 | 29 | 14 (11 DUT, 3 BTS) |
| | Maths spé T' | Concours spécial | 241 | 181 | 1 |
| | DEUG SNV avec mention | Dossier | 20 | 3 | 1 |
| **ENSCM** | DUT chimie, MP, BTS chimiste | Dossier | 45 | 9 | 7 DUT chimie |
| | Maths spé bio | Concours A commun ENSA (concours commun ENSCL, ENSCM, ENSCP, ESPCI en 1995) | 1 830 | 630 | 0 |
| | DEUG SSM | Concours commun ENSI Bordeaux, Montpellier, Toulouse et Marseille | 260 | 58 | 10 |
| | Maths spé T' | Concours spécial | 241 | 181 | 2 |
| | DEUG SNV | Concours B commun avec ENSA pour l'écrit ; oraux communs avec l'ENSCL | 16 | 3 | 1 |
| **ENSCMu** | DEUG SSM | Concours commun ENSI Lille, Mulhouse et Strasbourg | 108 | 27 | 11 |
| | DUT chimie, MP, GCh, BTS chimiste | Dossier | 100 | 8 | 6 (4 DUT chimie, 1 BTS chimiste, 1 DUT MP) |

| Écoles | Niveau requis | Modalités d'admission | Candidats 1994 | Admis 1994 | Entrés 1994 |
|---|---|---|---|---|---|
| **ENSCPB** | DUT, BTS, licence de chimie | Dossier | 44 | 6 | 5 (3 DUT, 1 licence, 1 diplôme étranger) |
| | DEUG SSM | Concours commun ENSI Bordeaux, Montpellier, Toulouse et Marseille | 260 | 58 | 10 |
| **ENSCR** | DUT chimie, MP ou GCh, BTS chimiste | Dossier | 86 | 40 | 9 (7 DUT, 2 BTS) |
| | Maths spé T' | Concours spécial | 241 | 181 | 0 |
| | DEUG SSM | Concours particulier | 143 | 34 | 17 |
| **ENSCT** | DUT chimie, | Dossier | 50 | 5 | 5 |
| | MP, GCh | et entretien | | | |
| | Maths spé T' | Concours spécial | 241 | 181 | 1 |
| | DEUG SSM | Concours commun ENSI Bordeaux, Montpellier, Toulouse et Marseille | 260 | 58 | 10 |
| **ENSS-PICAM** | DEUG SSM | Concours commun ENSI Bordeaux, Toulouse, Marseille et Montpellier | 260 | 58 | 6 |
| | DUT chimie, MP, BTS chimiste, DEST | Dossier et entretien | 24 | 6 | 4 DUT |
| **ESCIL-CPE Lyon** | DEUG SSM ou SNV, DUT chimie, BTS secteur chimie, licence chimie | Dossier et entretien | 200 | NC | 27 |

## En deuxième année

| Écoles | Niveau requis | Modalités d'admission | Candidats 1994 | Admis 1994 | Entrés 1994 |
|---|---|---|---|---|---|
| **EHICS** | Maîtrise de physique-chimie, chimie | Dossier | NC | 10 | 2 |
| **ENSCCF** | Maîtrise de chimie, physique-chimie ou MST | Dossier | 67 | 7 | 7 (6 maîtrises de chimie, 1 MST) |
| **ENSCL** | Maîtrise de chimie, physique-chimie, sciences physiques | Dossier | 77 | 19 | 2 |
| **ENSCM** | Maîtrise de chimie ou physique-chimie, chimie-biologie, biochimie | Dossier | 108 | 17 | 9 maîtrises |
| | admissible en 6e année de pharmacie, admissible en 7e année de médecine | Dossier et entretien | 1 | 1 | 1 étudiant en pharmacie |
| **ENSCMu** | Maîtrise de chimie, physique-chimie ou MST | Dossier et entretien | 60 | 8 | 7 (6 maîtrises chimie, 1 MST) |
| **ENSCPB** | Maîtrise de chimie, physique-chimie, sciences physiques, MST | Dossier | 48 | 8 | 8 (3 maîtrises, 3 MST, 2 autres) |
| **ENSCR** | Maîtrise de chimie, physique-chimie, MST | Dossier | 106 | 33 | 8 (6 maîtrises de chimie, 1 MST, 1 MEUP) |
| **ENSCT** | Maîtrise de chimie physique-chimie | Dossier et entretien | 76 | 6 | 6 |
| **ENSS-PICAM** | Maîtrise de chimie, physique-chimie | Dossier et entretien | 101 | 24 | 23 maîtrises de chimie |
| **ESCIL-CPE Lyon** | Maîtrise de chimie | Dossier, entretien et tests | 50 | 8 | 5 |

## CONCOURS POLYTECHNIQUES CHIMIE P'

À partir de 1995, l'ENSCP et l'ESPCI recruteront également des maths spé bio sur concours commun ENSCL, ENSCM, ENSCP, ESPCI.

### En première année

| Écoles | Niveau requis | Modalités d'admission | Candidats 1994 | Admis 1994 | Entrés 1994 |
|---|---|---|---|---|---|
| **ENSCP** | DEUG SSM, DUT chimie, MP, BTS chimie | Dossier, test et entretien | 75 | 10 | 7 (4 DEUG, 2 DUT, 1 licence) |
| | Maths spé T' | Concours spécial | 241 | 181 | 2 |
| **ENSIC** | Maths spé T' | Concours spécial | 241 | 181 | 1 |
| | Maths spé M, M' | Concours commun Polytechniques physique M | 6 680 | 2 415 | 11 |
| | DUT, génie chimique, MP | Dossier | 35 | NC | 4 |
| | DEUG SSM | Concours national DEUG A | 1 289 | 364 | 2 |
| **ESPCI** | DEUG SSM mention bien | Dossier et entretien | 34 | 1 | 1 |
| | Maths spé T' | Concours spécial | 241 | 181 | 5 |

### En deuxième année

| Écoles | Niveau requis | Modalités d'admission | Candidats 1994 | Admis 1994 | Entrés 1994 |
|---|---|---|---|---|---|
| **ENSCP** | Maîtrise chimie, physique-chimie ou diplôme d'ingénieur | Dossier, tests et entretien | 76 | 12 | 9 maîtrises chimie |
| **ENSIC** | Maîtrise physique, chimie, physique-chimie, maths et applications fondamentales, mécanique, MST informatique | Dossier | 45 | NC | 0 |
| | Diplôme de pharmacien ou dernière année de pharmacie | Dossier | 12 | NC | 7 |

## En troisième année

| Écoles | Niveau requis | Modalités d'admission | Candidats 1994 | Admis 1994 | Entrés 1994 |
|---|---|---|---|---|---|
| **ESPCI** | Maîtrise physique, chimie-physique, MST ou diplôme d'ingénieur | Dossier et entretien | 42 | 3 | 1 |

# L'ENSG, L'ENTM, L'ENTPE (groupe 16)

## Admissions principales

Trois écoles d'ingénieurs de l'État, l'ENTM, l'ENSG et l'ENTPE, organisent un concours commun portant sur les programmes de maths spé M, P' et TA, qui est aussi un mode d'admission parallèle aux Mines de Douai (ENSTIMD). Les élèves ont un statut de fonctionnaire.

<table>
<tr><th>Écoles</th><th>Niveau requis</th><th>Modalités d'admission</th><th>Candidats 1994</th><th>Admis 1994</th><th>Entrés 1994</th></tr>
<tr><td>ENSG St-Mandé</td><td>Maths spé M, P', TA</td><td>Concours commun ENSTIMD, ENSG, ENTM et ENTPE</td><td rowspan="3">10 641</td><td rowspan="3">NC</td><td>9</td></tr>
<tr><td>ENTM</td><td>Maths spé M, P', TA</td><td>Concours commun ENSTIMD, ENSG, ENTM, ENTPE</td><td>3 maths spé M</td></tr>
<tr><td>ENTPE</td><td>Maths spé M, P', TA</td><td>Concours commun ENSTIMD, ENSG, ENTM, ENTPE</td><td>148 (99 maths spé M, 12 M', 24 P, 13 P' : 128 fonctionnaires, 20 civils)</td></tr>
</table>

## Admissions parallèles

L'ENTPE admet en première année des maths spé T' sur concours spécial, organisé par le ministère de l'Éducation nationale et, en deuxième année, des diplômes étrangers uniquement, niveau maîtrise.

### En première année

| Écoles | Niveau requis | Modalités d'admission | Candidats 1994 | Admis 1994 | Entrés 1994 |
|---|---|---|---|---|---|
| **ENSG St-Mandé** | Diplôme équivalent 1er cycle univ. scientifique (élèves non destinés à l'IGN) | Examen | 47 | 12 | 4 |
| **ENTPE** | Maths spé T' | Concours spécial | 241 | 181 | 5 |

### En deuxième année

| Écoles | Niveau requis | Modalités d'admission | Candidats 1994 | Admis 1994 | Entrés 1994 |
|---|---|---|---|---|---|
| **ENTPE** | Diplôme étranger uniquement, niveau maîtrise | Dossier | NC | NC | 0 |

# L'ESTP (groupe 17)

## Admissions principales

L'École spéciale des travaux publics, du bâtiment et de l'industrie regroupe quatre sections : l'ESTP (travaux publics), l'ESB (bâtiment), l'ESME (mécanique-électricité) et l'EST (topographie). L'admission en cycle ingénieur des élèves issus de classes préparatoires M, M', P, P', TA se fait sur concours commun aux quatre écoles.

| Écoles | Niveau requis | Modalités d'admission | Candidats 1994 | Admis 1994 | Entrés 1994 |
|---|---|---|---|---|---|
| ESTP | Maths spé M, M', P, P', TA | Concours commun aux 4 écoles de l'ESTP | 3 000 | NC | 476 (212 à l'ESTP, 185 à l'ESB, 53 à l'ESME, 26 à l'EST) |

## Admissions parallèles

En admission parallèle, l'ESTP admet, sur dossier et entretien, des titulaires de DUT ou de licences en première année et des titulaires de maîtrises ou de diplômes d'ingénieurs en deuxième année.

### En première année

| Écoles | Niveau requis | Modalités d'admission | Candidats 1994 | Admis 1994 | Entrés 1994 |
|---|---|---|---|---|---|
| ESTP | DUT, licence maths, diplôme de conducteur de travaux de l'ESTP | Dossier et entretien | NC | NC | 4 (1 DUT, 3 conducteurs de travaux) |
| | Maths spé T' | Concours spécial | 241 | 181 | 12 |

### En deuxième année

| Écoles | Niveau requis | Modalités d'admission | Candidats 1994 | Admis 1994 | Entrés 1994 |
|---|---|---|---|---|---|
| ESTP | Maîtrise maths, informatique, mécanique, électronique, MST, diplôme d'ingénieur | Dossier et entretien | NC | NC | 31 |

# LES ENSA (groupe 18)

**Admissions principales**

Les écoles nationales supérieures d'agronomie organisent trois concours communs de recrutement en première année.

Le concours A, concours principal de recrutement commun ENITA-ENSA, s'adresse aux élèves de bio maths spé (option générale), maths spé TD' (option agronomie) et TB' (option biochimie-biologie). En 1994 : 1 830 candidats, 630 admis

<table>
<tr><th>Écoles</th><th>Niveau requis</th><th>Modalités d'admission</th><th>Candidats 1994</th><th>Admis 1994</th><th>Entrés 1994</th></tr>
<tr><td>ENGREF Nancy</td><td>Maths spé bio</td><td>Concours A commun ENSA-INA option générale uniquement</td><td>1 830</td><td>630</td><td>27 (18 civils, 9 fonctionnaires)</td></tr>
<tr><td>ENSA.M</td><td rowspan="8">Maths spé bio, TB' et TD</td><td rowspan="8">Concours A commun ENSA-INA</td><td rowspan="8">1 830</td><td rowspan="8">630</td><td>84 (82 maths spé bio, 2 TD')</td></tr>
<tr><td>ENSAIA</td><td>86 (85 maths spé bio, 1 TD')</td></tr>
<tr><td>ENSAR</td><td>98 (97 maths spé bio, 1 TD')</td></tr>
<tr><td>ENSAT</td><td>63 (62 maths spé bio, 1 TD')</td></tr>
<tr><td>ENSBANA</td><td>35</td></tr>
<tr><td>ENSIA</td><td>51 (50 maths spé bio, 1 TB')</td></tr>
<tr><td>INA</td><td>183 (180 maths spé bio, 2 TD', 1 TB')</td></tr>
</table>

### Admissions parallèles

Le concours B est réservé aux titulaires d'un DEUG SNV (ou DEUG B) et d'un DEUG SSM (ou DEUG A), le concours C aux titulaires d'un BTSA, DUT, ou BTS scientifique. En 1994 : 293 candidats, 38 admis.

À noter : l'ENSBANA et l'ENGREF ne participent pas à ces concours. L'ENSBANA organise son propre recrutement parallèle en première année. L'ENGREF ne recrute pas en première année, mais admet en deuxième année des titulaires de maîtrise.

### En première année

| Écoles | Niveau requis | Modalités d'admission | Candidats 1994 | Admis 1994 | Entrés 1994 |
|---|---|---|---|---|---|
| **ENSA.M** | DEUG SSM ou SNV | Concours B commun ENSA-INA | 541 | 122 | 13 (12 DEUG SNV, 1 diplôme étranger) |
| | DUT, BTS, BTSA | Concours C commun ENSA-INA | 293 | 38 | 3 (2 BTS, 1 DUT) |
| **ENSAIA** | DEUG SSM ou SNV | Concours B commun ENSA-INA | 541 | 122 | 34 (33 DEUG SNV, 1 SSM) |
| | DUT, BTS, BTSA | Concours C commun ENSA-INA | 293 | 38 | 2 (1 BTS, 1 DUT) |
| **ENSAR** | DEUG SSM ou SNV | Concours B commun ENSA-INA | 541 | 122 | 12 DEUG SNV |
| | BTS, BTSA, DUT | Concours C commun ENSA-INA | 293 | 38 | 1 DUT |
| **ENSAT** | DEUG SSM ou SNV | Concours B commun ENSA-INA | 541 | 122 | 39 DEUG SNV |
| | DUT, BTSA, BTS | Concours C commun ENSA-INA | 293 | 38 | 5 (3 BTSA, 1 BTS, 1 DUT) |
| **ENSBANA** | DUT BA (options IAE et ABB) ; DUT génie chimique (option bio-industries) | Dossier | 28 | NC | 6 |
| | DEUG scientifiques | Concours particulier B1 pour DEUG SNV, B2 pour DEUG SSM | 229 | NC | 35 (33 DEUG SNV, 2 DEUG SSM) |

| Écoles | Niveau requis | Modalités d'admission | Candidats 1994 | Admis 1994 | Entrés 1994 |
|---|---|---|---|---|---|
| **ENSIA** | DEUG SSM ou SNV | Concours B commun ENSA-INA | 541 | 122 | 1 DEUG SSM |
| | DUT, BTS, BTSA | Concours C commun ENSA-INA | 293 | 38 | 4 BTSA |
| **INA** | DEUG SSM ou SNV | Concours B commun ENSA-INA | 541 | 122 | 23 DEUG SNV |
| | DUT, BTS, BTSA | Concours C commun ENSA-INA | 293 | 38 | NC |

## En deuxième année

| Écoles | Niveau requis | Modalités d'admission | Candidats 1994 | Admis 1994 | Entrés 1994 |
|---|---|---|---|---|---|
| **ENGREF** | Maîtrise ou diplôme d'ingénieur | Dossier et entretien | 133 | NC | 7 |
| **ENSA.M** | Maîtrise SNV, biologie des organismes et des populations, biochimie et physiologie végétale | | 120 | NC | 10 |
| **ENSAIA** | Maîtrise ès science | | 250 | NC | 25 |
| **ENSAR** | Maîtrise biologie, MST | | 150 | 12 | 12 maîtrises |
| **ENSAT** | Maîtrise de biologie | | 166 | NC | 16 |
| **ENSBANA** | Maîtrise ès sciences | | 115 | NC | 9 |
| **ENSIA** | Maîtrise, diplôme d'ingénieur | | NC | NC | 1 maîtrise |

# LES ENITA (groupe 19)

## Admission normale

Les épreuves sont communes aux ENSA et aux ENITA mais avec des coefficients différents et une épreuve d'entretien pour les ENITA. L'option générale est ouverte aux maths spé bio. L'option biochimie-biologie est ouverte aux maths spé TB', l'option agronomie est ouverte aux élèves des prépas TD'. Résultats du concours 1994 : 1 721 candidats, 223 admis.

<table>
<tr><th>Écoles</th><th>Niveau requis</th><th>Modalités d'admission</th><th>Candidats 1994</th><th>Admis 1994</th><th>Entrés 1994</th></tr>
<tr><td>ENESAD</td><td rowspan="5">Maths spé bio, maths spé TD', TB'</td><td rowspan="5">Concours A commun ENITA</td><td rowspan="5">1 721</td><td rowspan="5">223</td><td>38<br>(34 maths spé bio,<br>2 TB',<br>2 TD')</td></tr>
<tr><td>ENITA Bordeaux</td><td>47<br>(42 maths spé bio,<br>2 TB',<br>3 TD')</td></tr>
<tr><td>ENITA Clermont-Ferrand</td><td>35<br>(29 maths spé bio,<br>1 TB',<br>5 TD')</td></tr>
<tr><td>ENITHP</td><td>42<br>(36 maths spé bio,<br>2 TB',<br>4 TD')</td></tr>
<tr><td>ENITIAA</td><td>58<br>(54 maths spé bio,<br>3 TB',<br>1 TD')</td></tr>
</table>

**Admissions parallèles**

Le concours B est ouvert aux DEUG SSM, DEUG SNV, DEUST dans une spécialité et mention appropriées, ainsi qu'aux candidats admissibles la même année à une école vétérinaire. Résultats du concours 1994 : 694 candidats, 56 admis.

Le concours C est ouvert aux BTSA, BTS ou DUT dans des spécialités et mentions appropriées suivis éventuellement d'une classe prépa d'un an. Résultats du concours 1994 : 356 candidats, 93 admis.

Depuis la rentrée 1994, un nouveau concours offre des places en deuxième année aux titulaires d'une maîtrise. Le secrétariat des différents concours est assuré par l'ENITA de Bordeaux.

**En première année**

| Écoles | Niveau requis | Modalités d'admission | Candidats 1994 | Admis 1994 | Entrés 1994 |
|---|---|---|---|---|---|
| **ENESAD** | DEUG SSM ou SNV, ou admissibilité ENV, DEUST | Concours B commun ENITA | 694 | 56 | 11 |
| | BTSA, BTS, DUT | Concours C commun ENITA | 356 | 93 | 17 |
| **ENITA Bordeaux** | DEUG SSM ou SNV, ou admissibilité ENV, DEUST | Concours B commun ENITA | 694 | 56 | 10 |
| | BTSA, BTS, DUT | Concours C commun ENITA | 356 | 93 | 20 |
| **ENITA Clermont-Ferrand** | DEUG SSM ou SNV, admissibilité ENV, DEUST | Concours B commun ENITA | 694 | 56 | 8 |
| | BTSA, DUT, BTS | Concours C commun ENITA | 356 | 93 | 20 (9 DUT, 11 BTS) |
| **ENITHP** | DEUG SSM ou SNV ou admissibilité ENV, DEUST | Concours B commun ENITA | 694 | 56 | 4 |
| | BTSA, BTS, DUT | Concours C commun ENITA | 356 | 93 | 15 |
| **ENITIAA** | DEUG A ou B, ou admissibles ENV, DEUST | Concours B commun ENITA ENV | 694 | 56 | 10 |
| | BTSA, BTS, DUT | Concours C commun ENITA | 356 | 93 | 19 |

## En deuxième année

| Écoles | Niveau requis | Modalités d'admission | Candidats 1994 | Admis 1994 | Entrés 1994 |
|---|---|---|---|---|---|
| ENESAD | Maîtrise scientifique ou titre équivalent | Concourss commun aux ENITA | 96 | 32 | NC |
| ENITA Bordeaux | | | | | NC |
| ENITA Clermont-Ferrand | | | | | 2 |
| ENITHP | | | | | 6 |
| ENITIAA | | | | | 3 (2 maîtrises 1 autre) |

# LES UNIVERSITÉS (groupe 20)

## Admission normale

La plupart des formations d'ingénieur en université sont ouvertes aux titulaires d'un DEUG, ou d'un DUT et éventuellement d'un BTS, et aux élèves issus de maths spé. Le recrutement se fait généralement sur dossier, avec parfois un entretien ou sur concours.

### En première année

| Écoles | Niveau requis | Modalités d'admission | Candidats 1994 | Admis 1994 | Entrés 1994 |
|---|---|---|---|---|---|
| **CUST** | DEUG, DUT BTS, diplôme étranger équivalent | Dossier et entretien | 1 651 | NC | 164 (85 DEUG, 67 DUT, 8 BTS 4 divers) |
| | Maths spé bio | Concours commun Eiffel + ESEM | 600 | NC | 6 |
| | Maths spé M, P, T | Concours commun Eiffel | 3 456 | NC | 21 |
| **EIC** | Maths spé, DEUG sciences, BTS ou DUT industriels, admissibilité à des écoles d'ingénieurs | Dossier et entretien | 341 | 140 | 31 (5 maths spé M, 1 T, 2 TA, 5 TS, 2 P, 4 DEUG, 10 DUT, 2 BTS) |
| **E3i** | Bac+2, maths spé, DEUG SSM, DUT GEII, DUT informatique | Dossier | 396 | 205 | 51 (16 DEUG SSM, 5 maths spé, 11 DUT informatique, 10 DUT GEII, 9 autres) |
| **EIGIP** | DEUG SSM, maths spé, DUT GEII, MP, GMP et BTS à titre exceptionnel | Dossier et entretien | 396 | 115 | 43 (16 DEUG, 7 maths spé, 18 DUT, 2 BTS) |
| **ENSG Nancy** | Maths spé bio | Concours particulier | NC | NC | NC |
| | DEUG SSM | Concours national DEUG A | 1 289 | 364 | NC |

| Écoles | Niveau requis | Modalités d'admission | Candidats 1994 | Admis 1994 | Entrés 1994 |
|---|---|---|---|---|---|
| **ENSGI** | Admissibles aux concours Mines-Ponts-Telecom, Centrale-Supélec, commun Polytechniques (classé dans les premiers : 30 %) maths spé M, M', P, P' | Entretien | 320 | 180 | 40 (29 maths spé M, 6 P', 5 P) |
| | DUT OGP, GMP, maîtrise ès sciences économiques, admissibilité ENSAE option économie | Dossier et entretien | 17 | NC | 4 DUT OGP |
| **ENSIL** | Maths spé M, M', P, P', T, T', bio | Tests et entretien | 518 | 70 | 32 (13 maths spé M, 16 P, 2 T, 1 bio) |
| | DUT, DEUG, BTS, maths spé TS | Dossier et entretien | NC | NC | NC |
| **ENSSAT** | DUT, BTS, DEUST, DEUG SSM, maths spé T, T', TA | Dossier et entretien | 721 | 278 | 91 (52 DUT, 20 maths spé, 12 DEUG, 5 BTS, 2 DEUST) |
| **ENSTIB** | BTSA, BTS CPI, MAI, plastiques et composites, système constructif bois et habitat, productique bois, DUT chimie, Gch, GMP, Gci | Dossier et entretien | 60 | 10 | 9 (4 DUT GMP, 3 BTS productique bois, 1 MAI, 1 système constructif bois et habitat) |
| | Maths spé P P', M, T, TA TB, DEUG SSM (concours A) Maths spé TB', maths spé bio | Concours et entretien | 515 | NC | 27 (13 maths spé T, 1 TA, 5 P, 2 M, 6 spé bio) |
| **EOPGS** | DEUG SSM ou diplôme équivalent | Dossier et entretien éventuel | 255 | 81 | 25 (22 DEUG, 1 maths spé, 2 DUT) |

| Écoles | Niveau requis | Modalités d'admission | Candidats 1994 | Admis 1994 | Entrés 1994 |
|---|---|---|---|---|---|
| **ESBS** | Bac+2, admissibles au concours véto ou INSA, maths spé bio | Dossier et entretien | NC | NC | 33 (7 DEUG, 3 maths spé bio, 4 BTS, 6 DUT, 13 diplômes étrangers) |
| **ESEM** | Maths spé bio | Concours commun Eiffel + ESEM | 600 | NC | 29 |
| | DEUG SSM, DUT GMP, GTE Gci | Concours | 321 | NC | 39 (11 DEUG, 28 DUT) |
| | Maths spé TA | Banque d'épreuves écrites du concours commun Polytechniques physique TA | 275 | NC | 2 |
| | Maths spé M, P, T | Concours commun Eiffel + ESEM en 1994 (à partir de 1995, banque d'épreuves du concours Arts et Métiers pour les T, et des concours Polytechniques physique M et P pour les M et P) | 3 456 | NC | 50 (18 maths spé M, 30 P, 2 autres) |
| **ESGBMA** | Bac+2 | Dossier et entretien | 345 | 23 | 16 (4 DEUG, 4 DUT, 8 BTS) |
| **ESIA** | Maths spé, DEUG SSM, DUT GE, GM, MP, OGP | Dossier et entretien | NC | NC | 73 (55 DUT : 27 GE, 28 GM), 7 maths spé, 11 DEUG |
| **ESIAL** | Maths spé, DEUG SSM | Concours | 450 | 192 | 76 (57 maths spé, 19 DEUG) |
| | DUT, BTS informatique | Dossier et entretien | 71 | 5 | 5 (3 DUT, 2 BTS) |

| Écoles | Niveau requis | Modalités d'admission | Candidats 1994 | Admis 1994 | Entrés 1994 |
|---|---|---|---|---|---|
| **ESIEC** | DEUG SSM ou SNV, certains DUT (GMP, MP, BA option industries alimentaires et biologiques), maths spé, certains BTS (plasturgie chimie) | Dossier et entretien | NC | NC | 31 (9 DEUG SSM, 6 DEUG SNV, 2 DUT Gch, 4 GMP, 2 BA option agroalimentaire, 2 MP, 1 DEUST agroalimentaire, 5 maths spé TS) |
| **ESIGEC** filière environnement | | | | | 51 (38 DEUG, 8 DUT, 5 maths spé) |
| **ESIGEC** filière bâtiment | | | | | 54 (26 DUT, 15 DEUG, 12 maths spé, 1 divers) |
| **ESIGEC** filière matériaux composites | DEUG SSM, DEUG SNV, DUT | Dossier et entretien | 900 | 300 | 32 (10 DUT, 17 DEUG, 4 maths spé, 1 autre) |
| **ESIGEC** filière intelligence artificielle | | | | | 19 (4 DEUG, 7 DUT, 8 maths spé) |
| **ESIL** filière génie biomédical (GBM) | Maths spé DEUG SSM, DUT GE, MP, BTS électronique | Dossier, entretien | 156 | NC | 16 (6 DUT MP, 8 GEII, 2 DEUG SSM) |
| **ESIL** filière informatique (ES2I) | DEUG SSM, DUT GE, informatique, maths spé M, M', P, P' T' | Dossier, entretien | 202 | NC | 22 (3 maths spé, 14 DEUG SSM, 4 DUT ou BTS, 1 diplôme étranger) |
| **ESIP** | DEUG scientifique, DUT, maths spé admissibles | Dossier, entretien et tests | 1 332 | 359 | 89 (41 DEUG 26 DUT, 16 maths spé, 6 divers) |
| **ESMISAB** | DEUG SNV, DUT secteur biologie | Dossier et entretien | 245 | NC | 30 (22 DEUG SNV, 8 DUT) |

| Écoles | Niveau requis | Modalités d'admission | Candidats 1994 | Admis 1994 | Entrés 1994 |
|---|---|---|---|---|---|
| **ESSAIM** | Maths spé, DEUG SSM, DUT MI, informatique, GEII, GMP, MP, BTS mêmes spécialités | Dossier et concours | 358 | 126 | 67 (34 maths spé, 16 DUT, 14 DEUG, 3 BTS) |
| **ESSI** | DEUG SSM, maths spé admissible à une école d'ingénieurs, DUT informatique | Dossier | 550 | 150 | 72 (36 DEUG, 13 DUT, 13 maths spé, 10 divers) |
| **ESTB Bordeaux** | DEUG SSM ou SNV avec mention, admissibilité à une école d'ingénieurs, BTS, DUT | Dossier et entretien | 100 | 15 | 5 (2 DEUG, 1 BTS, 2 admissibles ENSI) |
| **EUDIL** | DEUG SSM, certains DUT (selon filière) | Dossier et entretien | 1 835 | 477 | 138 (68 DEUG 59 DUT, 4 licences 7 divers) |
| | Maths spé M, P, T | Concours commun Eiffel | 3 456 | NC | 63 (32 maths spé P, 17 M, 14 T) |
| **FIRST** | DEUG SSM, DUT MP, maths spé | Dossier et entretien | 250 | 40 | 36 (20 DEUG SSM, 5 DUT MP, 11 maths spé) |
| **FIUPSO** | DEUG SSM | Dossier, entretien et tests d'anglais | NC | 70 | 60 |
| | Maths spé admissibles à des concours nationaux | Dossier, tests d'anglais, examen et entretien | 30 | NC | 1 |
| | BTS, DUT | Examen | NC | NC | 39 |
| **Institut** Galilée (spécialité matériaux) | DEUG SSM, maths spé M, P, DUT GMP, MP, chimie | Dossier et entretien | 276 | 114 | 48 (35 DEUG SSM, 8 DUT, 3 maths spé, 1 diplôme étranger, 1 licence) |

| Écoles | Niveau requis | Modalités d'admission | Candidats 1994 | Admis 1994 | Entrés 1994 |
|---|---|---|---|---|---|
| **Institut Galilée** (spécialité télécommunications) | DEUG SSM, maths spé M, P, P', DUT GEII, MP, BTS génie électrique et 1 an de préparation aux concours d'ingénieurs | Dossier et entretien | 419 | 185 | 46 (13 DEUG SSM, 14 DUT, 9 maths spé, 7 BTS, 2 licences, 1 diplôme étranger) |
| **Institut Galilée** (spécialité maths appliquées et calcul scientifique) | DEUG SSM, maths spé | Dossier et entretien | 124 | 54 | 18 (15 DEUG SSM, 3 maths spé) |
| **IAAL** | Bac+2, maths spé bio admissible à une ENSA | Dossier et entretien | 560 | 84 | 81 (1 DEUG SSM, 44 DEUG SNV, 14 maths spé, 7 BTS, 12 DUT, 1 licence, 2 divers) |
| **ICF** | DEUG, DUT maths spé | Concours propre | 90 | 30 | 15 (7 DUT, 7 maths spé, 1 DEUG) |
| **IFSIC** | DEUG SSM avec mention, DUT GEII, informatique, maths spé admissibles à des écoles d'ingénieurs habilitées | Dossier et entretien | 288 | 135 | 81 (44 DEUG, 26 DUT GEII, 5 DUT informatique, 2 DUT autres, 3 maths spé, 1 bac+3) |
| **IMAC** | DEUG scientifique, DUT informatique, électronique, maths spé | Dossier et concours | 110 | 32 | 17 (12 maths spé, 2 DEUG SSM, 3 DUT informatique) |
| **IRESTE** filière systèmes électroniques et informatique industrielle | Maths spé M, P, TA, TS, T, DUT GEII, MP, informatique, BTS électronique, DEUG SSM | Dossier et entretien | 739 | 337 | 89 (41 DUT GE, 4 MP, 13 DEUG, 25 maths spé, 6 BTS) |

| Écoles | Niveau requis | Modalités d'admission | Candidats 1994 | Admis 1994 | Entrés 1994 |
|---|---|---|---|---|---|
| **IRESTE** filière systèmes informa-tiques : logiciels et réseaux | BTS, DUT en informatique et électronique DEUG SSM, MASS, MIAS, maths spé M, P, T, TA, TS admissibles aux écoles d'ingénieurs | Dossier entretien | 295 | 151 | 36 (3 DUT GTR, 2 OGP, 3 GE, 6 informatique, 4 BTS, 4 DEUG 14 maths spé) |
| **ISIM** | DEUG MASS, SSM, SNV, SET, DUT BA, chimie, GCh, GCi, GEII, GMP, GTE, HS, MP, MI, OGP, informatique, BTS chimiste, biochimiste, biotechnologie | Dossier (test et entretien pour la filière informatique et gestion), | 2 117 | NC | 172 (116 DEUG, 1 maths spé TA, 49 DUT, 6 divers) |
| | Bio maths spé | Concours commun Eiffel + ESEM | 600 | NC | 6 |
| | Maths spé M, P, T | Concours commun Eiffel | 3 456 | NC | 15 (6 maths spé M, 9 P) |
| **ISITEM** | Bac+2, maths spé | Dossier et entretien | 946 | NC | 82 (29 DEUG, 27 DUT, 25 maths spé, 1 BTS) |
| **ISITV** | DEUG SSM, DUT, maths spé | Dossier | 950 | 70 | 65 (29 maths spé, 33 DEUG, 1 licence, 2 divers) |
| **ISTAB** | DEUG SSM ou SNV avec mention, maths spé admissibles aux écoles du secteur des IAA, DUT ou BTS en biologie | Dossier et entretien | 386 | 47 | 38 (3 DEUG SSM, 9 DEUG SNV, 16 DUT, 5 BTS, 4 maths spé, 1 DEST) |
| **ISTASE** | DEUG SSM, SPI, DUT GE, MP, BTS, maths spé | Dossier et entretien | 280 | 87 | 51 (15 DEUG, 12 DUT GE, 13 DUT MP, 7 maths spé, 4 BTS) |

| Écoles | Niveau requis | Modalités d'admission | Candidats 1994 | Admis 1994 | Entrés 1994 |
|---|---|---|---|---|---|
| **ISTG** informatique industrielle et instrumentation | DEUG SSM, maths spé admissibles à une grande école, DUT GEII, MP, GMP, MI, BTS, CPI, CIRA | Dossier | 280 | 96 | 82 (46 DUT, 20 DEUG SSM, 10 maths spé, 4 BTS, 2 divers) |
| **ISTG** prévention des risques industriels | DEUG SSM ou SNV, DUT BA, HS, chimie, Gch, Gci, MI, MP, BTS ATI, CIRA, chimiste | Dossier | 280 | NC | 38 (20 DUT, 9 DEUG SSM, 6 DEUG SNV, 3 maths spé) |
| **ISTG** sciences et génie des matériaux | DEUG SSM, DUT, maths spé | Dossier | 240 | 46 | 43 (22 DEUG SSM, 15 DUT, 6 maths spé) |
| **ISTG** géotechnicien | DEUG SSM ou SNV, maths spé, BTS GA, GT, bâtiment, TP, DUT Gci, GMP | Dossier | 315 | 40 | 37 (23 maths spé, 8 DEUG SSM, 2 DEUG SET, 4 DUT) |
| **ISTIL** | Bac+2 | Dossier et entretien | 383 | 126 | 40 (25 DEUG, 9 DUT, 5 maths spé, 1 BTS) |
| **ISTY** | DEUG SSM, DUT informatique, admissibilité aux concours des grandes écoles | Dossier et entretien | 228 | 48 | 44 (30 DUT, 13 DEUG, 1 BTS) |
| **IUSPIM** | Bac+2 | Dossier et entretien | 650 | 130 | 84 (28 DUT, (15 DEUG, 21 BTS, 14 maths spé, 3 licences, 3 divers) |
| **IUSTI** | DEUG SSM, DUT, BTS maths spé, admissibilité à une école d'ingénieurs | Dossier et entretien | 705 | 130 | 80 (38 maths spé, 19 DUT, 19 DEUG, 3 BTS, 1 licence) |

## Admissions parallèles

Les admissions parallèles se font en deuxième année sur dossier et éventuellement entretien pour des maîtrises, des MST, des diplômes d'ingénieur.

### En deuxième année

| Écoles | Niveau requis | Modalités d'admission | Candidats 1994 | Admis 1994 | Entrés 1994 |
|---|---|---|---|---|---|
| **CUST** | Maîtrise, MST | Dossier et entretien | 188 | NC | 15 maîtrises |
| **EIC** | Maîtrise, MST | Dossier, entretien | 12 | 5 | 2 maîtrises |
| **EIGIP** | Maîtrise | Dossier entretien | 22 | 12 | 11 (8 maîtrise, 3 autres) |
| **E3i** | Bac+4 | Dossier | 42 | 25 | 4 |
| **ENSG Nancy** | Maîtrise de géologie, chimie, physique, mécanique, mathématiques informatique, MST | Dossier et entretien | NC | NC | NC |
| **ENSIL** | Maîtrise, MST | Dossier et entretien | 83 | 11 | 6 (3 maîtrise, 3 MST) |
| **ENSSAT** | Maîtrise ou MST | Dossier et entretien | 91 | 24 | 8 (2 MST, 6 maîtrise) |
| **ENSTIB** | Maîtrise ou MST | Dossier et entretien | 17 | 2 | 1 |
| **EOPGS** | Maîtrise ès sciences (maths, physique) ou diplôme d'ingénieur | Dossier et entretien éventuel | 45 | 7 | 5 (4 maîtrises mécanique, 1 maîtrise de sciences de la mer) |
| **ESBS** | Maîtrise scientifique | Dossier et entretien | NC | NC | 1 diplôme étranger |
| **ESEM** | Maîtrise, MST, diplôme d'ingénieur | Dossier et entretien | 146 | 18 | 14 |
| **ESIAL** | Maîtrise | Dossier et entretien | NC | NC | 0 |

| Écoles | Niveau requis | Modalités d'admission | Candidats 1994 | Admis 1994 | Entrés 1994 |
|---|---|---|---|---|---|
| **ESIGEC** | Maîtrise, MST | Dossier et entretien (pour la filière environnement) | 128 | 40 | 23 (3 en environnement, 6 en bâtiment, 11 en matériaux, 3 en informatique) |
| **ESIL** filière informatique (ES2I) | Maîtrise | Dossier | NC | NC | 4 maîtrises informatique |
| **ESIP** | MST, maîtrise | Dossier et entretien | 127 | 33 | 10 |
| **ESSAIM** | Maîtrise scientifique, DEST | Dossier et entretien | NC | 10 | 5 (4 maîtrises, 1 DEST) |
| **ESSI** | Maîtrise scientifique | Dossier | 90 | 10 | 6 |
| **ESTB Bordeaux** | Maîtrise avec mention, diplôme équivalent | Dossier, entretien | NC | NC | NC |
| **EUDIL** | Maîtrise scientifique | Dossier et entretien | 143 | 15 | 10 |
| **FIRST** | Maîtrise chimie, physique, sciences physiques, MST | Dossier et entretien | 15 | 4 | 2 (1 maîtrise physique et applications, 1 chimie des matériaux et interfaces) |
| **FIUPSO** | Maîtrise de physique ou EEA | Dossier, entretien et test d'anglais | 20 | 8 | 8 maîtrises EEA |
| **Institut Galilée** (spécialité télécommunications) | MST télécommunications, maîtrise EEA | Dossier et entretien | 15 | 5 | 3 (2 maîtrises, 1 MST) |
| **Institut Galilée** (spécialité matériaux) | MST matériaux maîtrise matériaux, physique, chimie, mécanique | Dossier et entretien | 15 | 6 | 2 (1 maîtrise, 1 MST) |

| Écoles | Niveau requis | Modalités d'admission | Candidats 1994 | Admis 1994 | Entrés 1994 |
|---|---|---|---|---|---|
| **Institut Galilée** (spécialité maths appliquées et calcul scientifique) | Maîtrise de maths | Dossier et entretien | 115 | 47 | 1 |
| **IAAL** | Maîtrise scientifique | Dossier et entretien | 38 | 6 | 4 (2 MST, 2 maîtrises biochimie) |
| **ICF** | Maîtrise EEA ou équivalent | Dossier, entretien | 9 | 3 | 1 |
| **IFSIC** | Maîtrise informatique, EEA, physique, maths | Dossier et entretien | 39 | 9 | 8 |
| **IMAC** | Maîtrise | Dossier et entretien | 6 | 4 | 0 |
| **IRESTE** filière systèmes électroniques et informatique industrielle | Maîtrise filière électronique | Dossier et entretien | 46 | 14 | 3 (2 MST, 1 maîtrise EEA) |
| **IRESTE** filière systèmes informatiques | Maîtrise informatique, électronique, MIAGE | | 21 | 13 | 4 (2 maîtrises informatique, 2 MIAGE) |
| **ISIM** | Maîtrise sciences ou MST avec mention | Dossier | 345 | NC | 15 (2 MIAGE, 2 maîtrises informatique, 1 EEA, 1 mécanique, 5 MST, 4 MEUP PPIA) |
| **ISITEM** | Maîtrise, MST | Dossier et entretien | 212 | NC | 12 (10 maîtrises, 2 MST) |
| **ISITV** | Maîtrise | Dossier | 60 | 12 | 12 |
| **ISTAB** | Maîtrise biochimie, chimie | Dossier et entretien | 93 | 4 | 3 |

| Écoles | Niveau requis | Modalités d'admission | Candidats 1994 | Admis 1994 | Entrés 1994 |
|---|---|---|---|---|---|
| **ISTG** informatique industrielle et instrumentation | MST, DEST, maîtrise ès sciences, diplôme d'ingénieur | Dossier | 25 | NC | 7 (3 maîtrises ou MST, 1 DEST, 3 divers) |
| **ISTG** prévention des risques industriels | Maîtrise sciences, diplôme d'ingénieur | | 22 | NC | 5 maîtrises |
| **ISTG** sciences et génie des matériaux | Maîtrise sciences MST, diplôme d'ingénieur | | 30 | NC | 6 (3 maîtrises, 1 DEST, 2 autres) |
| **ISTG** géotechnicien | Licence, maîtrise | | 25 | NC | 6 maîtrises |
| **ISTIL** | Maîtrise | NC | 20 | 9 | 5 |
| **IUSPIM** | Maîtrise EEA, MST (automatique, informatique industrielle, productique, génie électrique), maîtrise en informatique | Dossier et entretien | 20 | 5 | 3 (2 maîtrises EEA, 1 2e année d'école d'ingénieurs) |
| **IUSTI** | Maîtrise ès sciences et techniques, maîtrise de physique | Dossier et entretien | 110 | 14 | 10 (3 maîtrises aéronautique, 3 physique, 1 mécanique, 1 EEA, 1 ingénieur électronique, 1 2e année ISITEM) |

# LES CAVALIERS SEULS (groupe 21)

## Admissions principales

Les écoles ci-dessous proposent un recrutement à des bac+2 (maths spé, DEUG, DUT, BTS, DEUST) pour l'admission normale en première année, sur des modalités propres à chaque école. Signalons toutefois l'existence du concours Icare pour les élèves de maths spé, qui regroupe six écoles : EERIE, EIPC, EIT, ESA-IGELEC, ESIGELEC et ISMANS. Le secrétariat du concours Icare est assuré par l'EERIE, à Nîmes.

| Écoles | Niveau requis | Modalités d'admission | Candidats 1994 | Admis 1994 | Entrés 1994 |
|---|---|---|---|---|---|
| **COSAR** | DEUG et élève officier | Examen commun COSAR-ESEAT-ESGM ou contrôle continu du cours de formation de l'EMSST | NC | NC | NC |
| **COSSAT** | Diplôme de St-Cyr + 2 ans de préparation | Concours | 92 | 35 | 35 |
| **EA** | Maths spé M, P, M', P', T ou TA | Concours | 1 543 | 324 | 98 (63 maths spé M, M', 31 P et P', 2 T, T', 2 étrangers) |
| **ECE Paris** | Maths spé, DEUG SSM | Concours A ECE | 334 | 213 | 45 (26 maths spé M, 16 P, 1 T, 2 DEUG) |
| | BTS électronique, électrotechnique, productique, II, DUT GEII, GMP, MI | Concours B ECE | 136 | 58 | 43 (7 BTS informatique, 13 DUT, 13 BTS électronique, 3 maths spé TS, 7 divers) |
| **École Louis-de-Broglie** | Maths spé TA, T, TS, DEUG SSM ou équivalent | Dossier et entretien | 161 | 84 | 34 (9 maths spé T ou T', 9 TS, 12 DEUG SSM, 4 licences) |

| Écoles | Niveau requis | Modalités d'admission | Candidats 1994 | Admis 1994 | Entrés 1994 |
|---|---|---|---|---|---|
| **École Louis-de-Broglie** | Maths spé M, M', P, P' | Concours commun avec les écoles de la FESIC | 9 463 | NC | 38 (21 maths spé M, M', 17 P, P') |
| **EERIE** | Maths spé M, M', P, P', T, TA | Concours commun Icare | 2 020 | 380 | 54 (27 maths spé P, P', T, TA, 27 M, M') |
| | DEUG SSM, DUT GEII, MP, MI, informatique, licence scientifique | Dossier | 97 | 60 | 16 (14 DUT 1 DEUG, 1 licence) |
| **EIPC** | DUT GMP, GEII, BTS et maths spé TS | Concours commun avec l'EIT | 176 | NC | 7 DUT |
| | Maths spé M, M', P, P', T, TA | Concours commun Icare | 2 020 | 380 | 26 (19 maths spé M et P, 7 T) |
| **EISTI** | Maths spé M, M', P, P' | Concours commun avec les écoles de la FESIC | 9 463 | NC | 63 (32 maths spé M, M', 31 P, P') |
| | BTS informatique, DUT ou DEUG SSM | Dossier, tests et entretien | NC | NC | NC |
| | Maths spé T | Banque d'épreuves du concours commun Arts et Métiers | NC | NC | NC |
| **EIT** | Maths spé, BTS, DUT GEII, GMP | Concours commun avec l'EIPC | 176 | NC | 23 (11 maths spé TS, 8 DUT GMP, 3 DUT GEII, 1 BTS) |
| | Maths spé M, M', P, P', T, TA | Concours commun Icare | 2 020 | 380 | 44 (17 maths spé P, 17 M, 10 T) |
| **EIVP** | Maths spé M, M', P, P', T, TA | Concours externe | 3 300 | 356 | 22 (élèves fonctionnaires : 8 spé M, 5 P, élèves civils : 6 spé M, 3 P) |

| Écoles | Niveau requis | Modalités d'admission | Candidats 1994 | Admis 1994 | Entrés 1994 |
|---|---|---|---|---|---|
| **EME** | Maths spé M, M', P, P', DEUG SSM | Concours A | 390 | 35 | 30 (21 maths spé P, 8 M, 1 licence) |
| | DUT, BTS, DEUG SNV | Concours B | 51 | 15 | 15 (5 DUT, 3 DEUG SNV, 1 BTS, 1 licence) |
| | Maths spé bio | Concours A' | 30 | NC | 5 |
| **EN** | Maths spé M, M', P, P', TA | Concours | 1 035 | 366 | 75 (46 maths spé M, 12 P', 10 M', 7 P) |
| **ENAC** | Maths spé M, M', P, P' accessible aux T, TA | Concours | 2 025 | 81 | 66 (44 maths spé M, 5 M', 7 P, 8 P', 2 T) |
| | DEUG SSM | Concours national DEUG A | 1 289 | 364 | 6 |
| **ENAC** ingénieur de contrôle de la navigation aérienne | Maths spé, DEUG SSM, DUT ou BTS scientifique | Concours | 1 177 | 213 | 213 (198 maths spé, 6 DEUG SSM, 9 licences) |
| **ENAC** ingénieur électronicien des systèmes de la sécurité aérienne | Maths spé, DEUG SSM, DEUST, DUT MP, GEII, BTS électronique, électrotechnique | Concours | 520 | 34<br>TS et TA) | 34 (10 DUT GEII, 5 BTS électronique, 8 DEUG SSM, 11 maths spé) |
| **ENGEES** | Maths spé ou bio maths spé | Concours particulier à 2 options | 2 241 | 408 | 49 (17 maths spé P, 13 P', 9 M, 1 M', 8 bio maths spé, 1 licence) |
| | DUT GCI, DEUG SSM mention assez bien, diplôme d'ingénieur | Dossier et entretien | 39 | 5 | 2 DUT Gci |
| **ENM** | Maths spé M, P, T, TA | Concours | 382 | NC | 4 |

| Écoles | Niveau requis | Modalités d'admission | Candidats 1994 | Admis 1994 | Entrés 1994 |
| --- | --- | --- | --- | --- | --- |
| **ENSAE Malakoff** | Diplôme de premier cycle en économie, première sup B/L, prépa HEC | Concours option économie | 474 | 25 | 16 (6 prépas HEC, 6 première sup, 4 divers) |
| | Licence en économie | Concours externe d'administrateurs option économie | 238 | 5 | 3 |
| | Maths spé M' | Concours option mathématiques | 800 | 82 | 30 |
| **ENSAIT** | Maths spé M, M', P, P', TB | Concours particulier A1 | 1 010 | NC | 35 (20 maths spé P, 15 M) |
| | Maths spé TA, T | Concours commun Arts et Métiers | 3 166 | 1 148 | 40 (33 maths spé T, 3 TA, 4 TS) |
| | DEUG SSM, BTS ou DUT en physique, chimie, électricité, textile | Concours particulier B | 62 | NC | 7 (2 BTS, 5 DEUG) |
| **ENSIETA** | Maths spé M, P', TA, T' | Concours particulier | 1 491 | NC | 71 (33 maths spé P, 32 M, 4 TA, 2 T') |
| | DEUG A | Concours national DEUG A | 1 289 | 364 | 2 |
| **ENSMIC** | DEUG SNV mention B BTS IC | Dossier | 185 | NC | 22 (11 BTS, 11 DEUG SNV) |
| **ENSP** | Bac+2 | Concours | 222 | 45 | 43 (11 DEFA, 8 BTS plasticien de l'environnement, 3 écoles d'art, 14 BTSA, 2 DEUG SNV, 2 DEUG géographie, 3 divers) |

| Écoles | Niveau requis | Modalités d'admission | Candidats 1994 | Admis 1994 | Entrés 1994 |
|---|---|---|---|---|---|
| EPSI Arras | Bac+2 scientifique | Dossier, entretien et tests | 130 | 30 | 26 (23 bac+2, 2 bac+3, 1 prépa EPSI) |
| EPSI Bordeaux | | | 110 | 25 | 25 (12 DUT, 12 BTS, 1 maths spé) |
| EPSI Montpellier | | | 56 | 50 | 26 (12 BTS, 6 DUT, 5 DEUG SNV, 3 maths spé) |
| EPSI Paris | Maths spé, BTS, DUT, DEUG | | 157 | 127 | 127 |
| ESA-IGELEC | BTS électronique, DUT GEII, MP DEUG SSM | Concours B | 47 | NC | 2 |
| | Maths spé M, M', P, P', T, TA | Concours commun Icare | 2 020 | 380 | 39 (24 maths spé P, 9 M, 6 T et TA) |
| ESB | Maths spé M, P, TA, TB, TB', TD', T, T', bio maths spé, admissibilité à une école d'ingénieurs | Concours | 201 | 79 | 30 (1 bio maths spé, 23 M et P, 2 TA, 3 T) |
| | BTS systèmes constructifs bois et habitat, DUT génie civil, DEUG SSM | Dossier et concours oral | 44 | 13 | 8 (1 BTS, 6 DUT, 1 DEUG) |
| ESEAT | DEUG sciences et être officier | Examen de contrôle commun COSAR-ESEAT-ESGM | NC | NC | NC |
| | DEUG ou diplôme reconnu équivalent, être officier ou fonctionnaire du ministère de la Défense | Recrutement interne, examen, dossier | NC | NC | NC |

| Écoles | Niveau requis | Modalités d'admission | Candidats 1994 | Admis 1994 | Entrés 1994 |
|---|---|---|---|---|---|
| **ESGI** | Maths spé | Concours | NC | NC | 7 maths spé |
| **ESGM** | Officier titulaire DEUG ou ayant suivi le cours de formation scientifique | Recrutement interne au sein du ministère de la Défense | NC | NC | 11 |
| **ESGT** | DEUG SSM, maths spé | Dossier et entretien | 211 | NC | 35 (27 maths spé, 8 DEUG SSM) |
| | BTS géomètre-topographe | Concours particulier | 158 | NC | 44 |
| **ESIGELEC** | Maths spé M, M', P, P', T, TA | Concours commun Icare | 2 020 | 380 | 136 |
| | DEUG SSM, DUT GEII, MP, BTS électronique, électro-Iltechnique | Concours B | 85 | 43 | 26 (6 DEUG SSM, 9 BTS, 9 DUT, 2 licences) |
| **ESIGETEL** | Maths spé M, M', P', P, T, T', TA, DEUG SSM | Concours | 827 | 420 | 108 (58 maths spé M, 2 TA, 36 P, 3 P', 9 T et T') |
| | DUT GEII, GTR, MP, informatique, BTS II, électronique, électro-technique, DEUG sciences | Dossier et entretien | 84 | 38 | 18 (14 DUT, 4 BTS) |
| **ESIM** | Maths spé TA | Banque de notes des concours communs Polytechniques | 250 | 125 | 4 |
| | Maths spé M, P' | Concours, propre | 2 804 | 1 267 | 115 (75 maths spé M, 40 P') |
| | DEUG SSM | Concours et entretien | 165 | 72 | 11 |

| Écoles | Niveau requis | Modalités d'admission | Candidats 1994 | Admis 1994 | Entrés 1994 |
|---|---|---|---|---|---|
| **ESITE** | Maths spé, niveau DEUG SSM | Concours | 53 | 33 | 6 (3 maths spé P, 3 M) |
| | DEUG SSM ou SNV, DUT ou BTS technologique ou scientifique | Dossier | 39 | 22 | 16 (2 DEUG SSM, 1 DUT, 13 BTS) |
| **ESM** filière sciences de la matière | Admissibles aux concours Mines-Ponts, Centrale-Supélec, ENSA | Concours AEI | 40 | 1 | 1 |
| | Maths spé | Concours particulier filière sciences | 689 | 151 | 69 |
| **IFMA** | Maths spé M, P', T, TA admissibles aux écoles des concours Centrale, Supélec, Mines-Ponts et à l'ENS de Cachan option B1, ENSAM | Dossier, entretien et examen oral | 1 258 | 374 | 81 (59 maths spé T, 10 T', 3 TA, 9 autres) |
| **3IL** | Maths spé, DEUG SSM | Concours A | 45 | 40 | 15 (11 maths spé 4 DEUG) |
| | BTS, DUT informatique | Concours B | 55 | 25 | 20 (10 DUT, 10 BTS) |
| **IMERIR** | DEUG SSM, DUT, BTS, maths spé | Dossier, concours et entretien | 103 | 26 | 26 (10 DUT, 13 BTS, 1 licence, 1 DEUST, 1 maths spé) |

| Écoles | Niveau requis | Modalités d'admission | Candidats 1994 | Admis 1994 | Entrés 1994 |
|---|---|---|---|---|---|
| **INT** | Maths spé M, M', P, P' | Concours commun Mines,Ponts, Telecom à l'écrit | 3 351 | 806 | 112 (49 maths spé M, 27 M', 10 P, 21 P' 5 T') |
| **IPI** | Bac+2 scientifique ou industriel | Concours commun Agicom | 460 | NC | 28 (4 BTS productique 3 MAI, 3 génie électrique, 2 micro-techniques, 1 II, 1 Go, 11 DUT GMP, 2 MI, 1 MP) |
| **ISAR Rhône-Alpes** | Maths spé, BTS, DUT scientifique ou technique, DEUG scientifique, DEUST | Dossier, entretien et tests | NC | 53 | 43 (27 DUT, 12 BTS, 4 divers) |
| **ISMANS** | DEUG SSM, DUT | Dossier et entretien | NC | NC | 5 (3 DUT, 1 licence, 1 DEUG) |
| | Maths spé M, M', P, P', T, TA | Concours commun Icare | 2 020 | 380 | 13 |
| **ISMEA** | DEUG, DUT | Concours de recrutement assuré par l'ICF (groupe 20) | | | |
| **ISPA Alençon** | BTS, DUT GMP, MP, GE, GCh, chimie ou DEUG SSM et connaissance en dessin industriel, maths spé M, P validé par obtention d'une équivalence DEUG | Dossier et entretien, tests éventuels | 350 | 51 | 30 (10 DEUG SSM, 1 DUT chimie, 6 GMP 4 MP, 2 SGT, 1 OGP, 3 maths spé, 2 BTS plastique, 1 maintenance) |

| Écoles | Niveau requis | Modalités d'admission | Candidats 1994 | Admis 1994 | Entrés 1994 |
|---|---|---|---|---|---|
| **ITECH Lyon** | Bac+2, DUT chimie, GM, DEUG SSM ou SNV, BTS | Dossier et entretien | 200 | 70 | 48 (23 DEUG, 2 BTS, 23 DUT) |
| | Maths spé M, M', P, P' | Concours propre, concours Écrin en 1995 | 100 | 35 | 30 |
| | Maths spé T, TA, TB | Concours : banque d'épreuves écrites du concours commun Polytechniques pour les TA, banque de notes ENSAM pour les T | 58 | 5 | 1 maths spé TA |

## Admissions parallèles

La plupart des écoles de ce groupe recrutent en première, en deuxième ou en troisième année des titulaires d'une maîtrise, MST, MIAGE et quelques-unes des bac+3.

## En première année

| Écoles | Niveau requis | Modalités d'admission | Candidats 1994 | Admis 1994 | Entrés 1994 |
|---|---|---|---|---|---|
| **ESGI** | DEUG SSM, MASS, DUT, BTS informatique | Dossier, épreuves orales | NC | NC | 20 |
| **IFMA** | Licence EEA, mécanique, technologie mécanique, 1re année MST, maths spé TS | Dossier, entretien, et examen oral | 21 | 4 | 4 (1 licence 3 maths spé TS) |
| **ITECH** | DUT chimie, GMP, BTS, DEUG SSM ou SNV | Dossier, entretien | 200 | 70 | 48 (23 DEUG, 2 BTS, 23 DUT) |

## En deuxième année

| Écoles | Niveau requis | Modalités d'admission | Candidats 1994 | Admis 1994 | Entrés 1994 |
|---|---|---|---|---|---|
| **ECE** | Maîtrise EEA, DEA, master of sciences | Dossier et entretien | NC | 13 | 6 (3 *master of sciences,* 3 maîtrises) |
| **École Louis-de-Broglie** | Maîtrise | Dossier et entretien | 5 | 4 | 1 maîtrise |
| **EERIE** | Maîtrise EEA et informatique | Dossier | 30 | 15 | 1 |
| **EIPC** | MST en électronique, électrotechnique et automatique, informatique industrielle, productique, mécanique | Dossier et entretien | 12 | NC | 6 |
| **EISTI** | MST, MIAGE, maîtrise de sciences | Dossier, entretien et test d'anglais | NC | NC | NC |
| **EIT** | MST EEA, informatique industrielle, productique, mécanique | Dossier et entretien | NC | NC | 2 |
| **EME** | Maîtrise à dominante physico-chimie ou biologie | Dossier | 30 | 6 | 6 (5 maîtrises, 1 MST) |
| **ENAC** | Maîtrise de sciences ou diplôme d'ingénieur | Dossier | 273 | 18 | 16 (11 maîtrises, 5 diplômes étrangers) |
| **ENGEES** | Diplôme d'ingénieur | Dossier et entretien | 2 | 2 | 2 diplômes étrangers |
| **ENM** | Maîtrise scientifique | Concours | 61 | NC | 2 |
| **ENSAE Malakoff** | Diplôme de l'X | Dossier | 85 | 30 | 30 |
| | Maîtrise de mathématiques ou d'économie, diplôme d'ingénieur de l'ENS | Dossier | 67 | 18 | 17 |

| Écoles | Niveau requis | Modalités d'admission | Candidats 1994 | Admis 1994 | Entrés 1994 |
|---|---|---|---|---|---|
| **ENSAIT** | MST | Dossier, entretien | NC | NC | 5 maîtrises |
| **ENSIETA** | Maîtrise sciences ou MST, diplôme d'ingénieur | Concours | 134 | 14 | 7 |
| **EPSI Arras** | MIAGE, MST, maîtrise | Dossier, tests et entretien | 5 | 1 | 1 MIAGE |
| | Cycle spécialisé option télématique et gros systèmes | Dossier, tests et entretien | NC | NC | 18 |
| **EPSI Bordeaux** | Licence scientifique | Dossier et entretien | 2 | 2 | 2 |
| **EPSI Montpellier** | Bac+3 | Entretien, dossier et tests | 2 | NC | 2 (1 licence informatique, 1 IUP génie mathématique et informatique) |
| **EPSI Paris** | Licence, MST, MIAGE, maîtrise | Entretien et dossier | 15 | 11 | 11 |
| **ESA-IGELEC** | Maîtrise génie électrique ou EEA | Concours C | 5 | NC | 3 maîtrises EEA |
| **ESB** | Maîtrise ingénierie mécanique, mathématiques et applications fondamentales, mécanique, physique appliquée, physique, MST, diplôme d'ingénieur | Dossier et entretien | 5 | NC | 2 (1 maîtrise physique, 1 mécanique) |
| **ESGI** | Licence en informatique ou équivalent | Dossier et entretien | 25 | 20 | 10 |
| **ESIM** | Maîtrise ou DEST + 5 ans d'expérience professionnelle | Dossier et entretien | 119 | NC | 22 maîtrises |

| Écoles | Niveau requis | Modalités d'admission | Candidats 1994 | Admis 1994 | Entrés 1994 |
|---|---|---|---|---|---|
| **ESIGELEC** | Maîtrise EEA, MST | Concours | 5 | 3 | 3 |
| **ESIGETEL** | Maîtrise EEA, MST, maîtrises scientifiques | Dossier, entretien | 3 | 3 | 2 (1 maîtrise de physique, 1 EEA) |
| **IFMA** | Maîtrise de mécanique, technologie mécanique, EEA, MST | NC | 24 | 5 | 2 (1 maîtrise mécanique, 1 MST CFMAO) |
| **3iL** | Bac+3 informatique | Dossier, tests et entretien | 6 | NC | 4 |
| **IMERIR** | Licence ès sciences ou maîtrise, DESS | Dossier et entretien | 6 | NC | 0 |
| **INT** | Maîtrise scientifique, MST | Dossier et entretien | 460 | 60 | 60 (16 maîtrises EEA, 13 informatique, 6 maths, 14 physique, 2 MST TAm, 5 télécom, 1 autre, 3 ingénieurs) |
| **ISMANS** | DEA, maîtrise physique, chimie, mécanique, MST | Dossier | NC | NC | 5 maîtrises |
| **ISMEA** | Maîtrise EEA ou équivalent | Dossier, entretien | NC | NC | 10 |
| **ITECH Lyon** | Maîtrise de chimie ou équivalent | Dossier et entretien | NC | NC | 7 |

## En troisième année

| Écoles | Niveau requis | Modalités d'admission | Candidats 1994 | Admis 1994 | Entrés 1994 |
|---|---|---|---|---|---|
| **ESGI** | Maîtrise, d'informatique, diplôme d'ingénieur | Dossier et entretien | 12 | NC | 4 (1 maîtrise, 3 ingénieurs) |
| **ISMANS** | Diplôme d'ingénieur | NC | NC | NC | 0 |

# LES FORMATIONS PAR L'APPRENTISSAGE (groupe 22)

**Le recrutement s'adresse à des titulaires d'un diplôme bac+2, âgés de moins de 26 ans. La durée des études est de trois ans. Les candidats signent un contrat d'apprentissage avec une entreprise (condition bien souvent sine qua non pour être admis). Cependant figurent aussi dans ce groupe l'ESITCOM et l'ESITI, qui sont des filières Decomps, qui reposent aussi sur le principe de l'alternance mais sans signature de contrat d'apprentissage.**

## Admission en première année cycle ingénieur

| Écoles | Niveau requis | Modalités d'admission | Candidats 1994 | Admis 1994 | Entrés 1994 |
|---|---|---|---|---|---|
| **CEFIPA** | Bac+2 scientifique ou technique | Dossier et tests | 450 | 90 | 78 |
| **CESI Midi-Pyrénées** | Bac+2 scientifique ou technique | Tests et entretien | 100 | NC | 18 (7 BTS, 9 DUT, 1 maths spé, 1 autre) |
| **CESIA** | Bac+2 | Concours | 100 | 30 | 25 |
| **EIA** | Bac+2 | Concours | 160 | 40 | 40 (8 BTS, 1 DEUG, 31 DUT) |
| **ESCPI-Ingénieurs 2 000** (génie électrique) | BTS, DUT | Dossier, tests, entretien | NC | NC | NC |
| **ESITCOM** | Bac+2 | Dossier, tests et entretien | 60 | NC | 15 (5 DUT, 6 BTS, 1 DEUG, 3 maths spé) |
| **ESITI** (exploitation et technologie des procédés chimiques) | Bac+2 GTE, en chimie, GCh, MP, bio-techno, cycle prépa polytechnique | Dossier, tests et entretien | 56 | 35 | 33 (22 DUT, 1 BTS, 10 divers) |
| **ESITI** (génie des procédés métallurgiques) | BTS, DUT, cycle prépa polytechnique | Dossier, tests et entretien | 68 | NC | 28 (17 BTS, 9 DUT, 2 autres) |

| Écoles | Niveau requis | Modalités d'admission | Candidats 1994 | Admis 1994 | Entrés 1994 |
|---|---|---|---|---|---|
| **ISTIM** | DUT, BTS | Dossier et entretien | 50 | NC | 17 |
| **ISTN** | BTS MAI de l'ISTN | Contrôle continu, entretien | 34 | NC | 27 |
| | BTS MAI, électro-technique, productique, maintenance, DUT génie électrique, génie mécanique | Dossier, entretien | 145 | 12 | 9 (6 BTS, 3 DUT) |
| **ISTP** | BTS, DUT secteur industriel | Dossier et entretien | 170 | NC | 39 (19 BTS, 20 DUT) |
| **ITII Alsace** (électronique etinforma-tique industrielle) | BTS, DUT | Dossier, tests et entretien | 50 | 12 | 7 (3 DUT, 4 BTS) |
| **ITII Alsace** (mécanique et produc-tique) | | | 50 | 12 | 11 (4 DUT, 5 BTS, 2 divers) |
| **ITII Aquitaine** (spécialité auto-matisme) | Bac+2 | Dossier, entretien | NC | NC | NC |
| **ITII Aquitaine** (spécialité matériaux) | | | NC | NC | NC |
| **ITII Aquitaine** (spécialité mécanique) | | | NC | NC | NC |
| **ITII Bourgogne** | DUT GMP, OGP, MI, GEII, MP, BTS secteur mécanique et production, DEUG SPI, DEUST | Dossier et entretien | 263 | 50 | 24 (19 DUT, 5 BTS) |
| **ITII Cham-pagne-Ardenne** (mécanique) | DUT secteur industriel, BTS secteur mécanique et production, DPCT du CNAM | Dossier et entretien | 114 | 70 | 15 (12 DUT, 1 BTS, 1 maths spé, 1 DEUG SSM) |

| Écoles | Niveau requis | Modalités d'admission | Candidats 1994 | Admis 1994 | Entrés 1994 |
|---|---|---|---|---|---|
| **ITII Lyon** | DUT GMP, BTS CPI, productique, microtechnique | Dossier, tests et entretien | 250 | 50 | 32 (30 DUT, 2 BTS) |
| **ITII PACA** (électro-nique, option produits électro-niques et procédés industriels) | Bac+2 | Dossier, tests et entretien | 150 | NC | 16 (8 BTS, 8 DUT) |
| **ITII PACA** (mécanique, option mainte-nance, production) | | | 150 | NC | 13 (9 DUT, 4 BTS) |
| **ITII Picardie** | Bac+2 | Dossier, tests et entretien | 200 | 22 | 22 (11 BTS, 11 DUT) |
| **ITIIHN** | BTS, DUT secteur mécanique | Concours et entretien | 100 | 30 | 16 (10 DUT, 5 BTS, 1 maîtrise mécanique) |

# CARNET D'ADRESSES



## Les écoles d'ingénieurs

La liste ci-dessous présente, par ordre alphabétique de sigle, les écoles qui assurent des formations initiales d'ingénieurs. Pour chacune d'elles, nous indiquons le statut : Pu (public), Prc (privé sous contrat), Co (consulaire) ou Pr (privé hors contrat) et donnons les frais de scolarité pour 1994-1995. Quand le diplôme n'est pas habilité par la Commission des titres, nous le signalons par l'abréviation (nh). Le chiffre entre parenthèses renvoie à la classification opérée dans la quatrième partie, pour présenter le mode de recrutement des écoles.

**3 IL,**
Institut ingénierie informatique de Limoges,
43, rue Sainte-Anne, BP 834,
87015 Limoges cedex, tél. 55.31.67.29.
Co (nh) ; frais de scolarité : 21 600 F par an (21).

**CEFIPA,**
Centre de formation d'ingénieurs par l'alternance, 9, rue d'Arcueil,
94250 Gentilly, tél. (1) 46.15.85.45.
Pr, élèves salariés (22).

**CESI Midi-Pyrénées,**
Centre d'études supérieures industrielles, Labège-Innopole,
voie 7, BP 447, 31315 Labège cedex,
tél. 61.39.13.18.
Pr, élèves salariés (22).

**CESIA,**
École d'ingénieurs par l'apprentissage.
CESI Normandie,
1, rue Guglielmo-Marconi,
76130 Mont-Saint-Aignan,
tél. 35.59.66.20.
Pr, élèves salariés (22).

**CESTI Paris,**
Centre d'études supérieures des techniques industrielles,
3, rue Fernand-Hainaut,
93407 Saint-Ouen cedex,
tél. (1) 49.45.29.00.
Pu ; frais de scolarité :
4 615 F en 1re année, 4 015 F en 2e année, 4215 F en 3e année (13).

**CESTI Toulon,**
Centre d'études supérieures des techniques industrielles, Maison des technologies, place G.-Pompidou, quartier Mayol, 83000 Toulon,
tél. 94.03.89.76.
Pu ; frais de scolarité :
4 615 F en 1re année, 4 015 F en 2e année, 4215 F en 3e année (13).

**COSAR,**
Cours supérieur d'armement,
École militaire, 1, place Joffre,
75007 Paris, tél. (1) 44.42.36.71.
Pu, élèves militaires rémunérés (21).

**COSSAT,**
Cours supérieur des systèmes d'armes terrestres,
École militaire, EMSST,
1, place Joffre, 75007 Paris,
tél. (1) 44.42.36.70.
Pu, élèves militaires rémunérés (21).

**CPE Lyon,**
École supérieure de chimie, physique, électronique de Lyon.
ICPI + ESCIL, bât. 308,
43, boulevard du 11-Novembre-1918,
BP 2077, 69616 Villeurbanne cedex,
tél. 72.44.84.96.
Pr ; frais de scolarité : 20 000 F par an (14).

**CUST,**
Institut des sciences de l'ingénieur
de l'université Blaise-Pascal,
rue des Meuniers, BP 206,
63174 Aubière cedex,
tél. 73.40.75.00.
Pu ; droits universitaires : 1 560 F (20).

**E3i,**
École d'ingénieurs en informatique
pour l'industrie, technopôle,
64, avenue de Portalis, BP 4,
37913 Tours cedex 09, tél. 47.36.14.14.
Pu, droits universitaires ;
frais de formation continue : 55 000 F (20).

**EA,**
École de l'Air, Base aérienne 701,
13661 Salon-de-Provence cedex,
tél. 90.53.90.90.
Pu ; rémunération élèves militaires :
2 678 F par mois (21).

**EAI TECH,**
Euro-American Institute of Technology,
rue Albert-Einstein, BP 269,
06905 Sophia-Antipolis cedex,
tél. 92.96.00.04.
Pr (nh) ; frais de scolarité :
35 000 F en 1re année,
35 000 F en 2e année,
70 000 F en 3e année,
70 000 F en 4e année (5).

**EBI,**
École de biologie industrielle,
Centre polytechnique Saint-Louis,
32, boulevard du Port,
95094 Cergy-Pontoise cedex,
tél. (1) 30.75.62.50.
Pr (nh) ; frais de scolarité :
17 000 F en 1re année,
17 000 F en 2e année,
19 000 F en 3e année,
19 000 F en 4e année,
19 000 F en 5e année (5).

**EC Lille,**
École centrale de Lille,
cité scientifique, BP 48,
59651 Villeneuve-d'Ascq cedex,
tél. 20.33.53.53.
Pu ; frais de scolarité : 2 550 F par an (10).

**ECAM Lyon,**
École catholique d'arts et métiers,
40, montée Saint-Barthélemy,
69321 Lyon cedex 05, tél. 78.37.81.81.
Pr ; frais de scolarité : 4 950 F à 7 305 F
par an selon quotient familial pour
le cycle préparatoire, 9 000 F à 17 000 F
par an pour le cycle ingénieur (1).

**ECE Paris,**
École centrale d'électronique,
53, rue de Grenelle, 75007 Paris,
tél. (1) 44.39.06.00.
Pr ; frais de scolarité : 31 500 F par an
(21).

**ECL,**
École centrale de Lyon,
36, avenue Guy-de-Collongue, BP 163,
69131 Écully cedex,
tél. 72.18.60.00.
Pu, scolarité gratuite (10).

**ECN,**
École centrale de Nantes,
1, rue de la Noë,
44072 Nantes cedex 03,
tél. 40.37.16.00.
Pu, scolarité gratuite (10).

**École Louis-de-Broglie,**
campus de Ker Lann, 35170 Bruz,
tél. 99.05.84.00.
Pr ; frais de scolarité : 28 000 F par an
(21).

**ECP,**
École centrale de Paris,
Grande-Voie-des-Vignes,
92295 Châtenay-Malabry cedex,
tél. (1) 41.13.10.00.
Pu, scolarité gratuite (10).

**EEIGM,**
École européenne d'ingénieurs
en génie des matériaux,
2, rue de la Citadelle, 54000 Nancy,
tél. 83.35.70.97.
Pu ; droits universitaires : 1 442 F (4).

**EERIE,**
École pour les études et la recherche
en informatique et électronique,
parc scientifique Georges-Besse,
30000 Nîmes, tél. 66.38.70.00.
Co ; frais de scolarité : 22 500 F par an
(21).

**EFPG,**
École française de papeterie
et des industries graphiques,
461, rue de la Papeterie, BP 65,
38402 Saint-Martin-d'Hères,
tél. 76.82.69.00.
Pr ; droits universitaires : 1 577 F (13).

**EFREI,**
École française d'électronique
et d'informatique,
10, rue Amyot, 75005 Paris,
tél. (1) 46.77.64.67.
Pr ; frais de scolarité : 33 000 F par an
(5).

**EHICS,**
École européenne
des hautes études des industries
chimiques de Strasbourg,
1, rue Blaise-Pascal, BP 296,
67008 Strasbourg cedex,
tél. 88.41.68.00.
Pu ; droits universitaires : 2 200 F (14).

**EIA,**
École d'ingénieurs par l'apprentissage,
centre universitaire, La Croix-du-Milieu,
16400 La Couronne,
tél. 45.67.05.92.
Pr, élèves salariés (22).

**EIC,**
École d'ingénieurs de Cherbourg,
site universitaire, rue Louis-Aragon,
BP 78, 50130 Octeville,
tél. 33.01.40.00.
Pu, droits universitaires (20).

**EIGIP,**
École d'ingénieurs en génie informatique et productique,
Le Mont-Houy, BP 311,
59304 Valenciennes cedex,
tél. 27.14.12.43.
Pu, droits universitaires (20).

**EIGSI,**
École d'ingénieurs en génie
des systèmes industriels,
26, rue de Vaux-de-Foletier,
Les Minimes, BP 211,
17011 La Rochelle cedex 01,
tél. 46.45.80.00.
Pr ; frais de scolarité :
23 800 F en 1re année,
24 400 F en 2e année,
25 625 F en 3e année,
25 625 F en 4e année,
25 625 F en 5e année (5).

**EIPC,**
École d'ingénieurs du Pas-de-Calais,
campus de la Malassise, BP 39,
62967 Longuenesse cedex,
tél. 21.38.85.10.
Pr ; frais de scolarité :
21 000 F en 1re année,
21 000 F en 2e année,
18 000 F en 3e année,
stagiaires formation continue (21).

**EISTI,**
École internationale des sciences
du traitement de l'information,
avenue du Parc, 95011 Cergy-Pontoise
cedex, tél. (1) 30.32.27.88.
Pr ; frais de scolarité : 29 000 F par an (21).

**EIT,**
École d'ingénieurs
de productique de Tours,
7, avenue Marcel-Dassault,
BP 0407, 37004 Tours cedex,
tél. 47.27.20.20.
Pr ; frais de scolarité :
21 000 F en 1re année,
20 000 F en 2e année,
18 000 F en 3e année (21).

**EIVL,**
École d'ingénieurs du Val-de-Loire,
6-8, rue Anne-de-Bretagne,
BP 3410, 41034 Blois cedex,
tél. 54.57.25.20.
Pu ; droits universitaires : 1 854 F (4).

**EIVP,**
École des ingénieurs
de la Ville de Paris,
57, boulevard Saint-Germain,
75240 Paris cedex 05,
tél. (1) 44.41.11.11.
Pu ; frais de scolarité : 7 500 F par an ;
scolarité gratuite pour les élèves
fonctionnaires, rémunération élèves
fonctionnaires : 7 000 F par mois (21).

**EMAC,**
École des mines d'Albi-Carmaux,
campus universitaire La Pérouse,
rue de la Poudrière,
81013 Albi cedex 09,
tél. 63.49.30.41.
Pu ; frais de scolarité : 1 600 F par an ;
frais de formation continue : 3 200 F (8).

**EME Rennes,**
École des métiers de l'environnement,
campus de Ker-Lann, BP 21,
35170 Bruz,
tél. 99.05.88.00.
Pr (nh) ; frais de scolarité :
28 000 F par an (21).

**EMN Nancy,**
École nationale supérieure
des mines de Nancy,
parc de Saurupt,
54042 Nancy cedex,
tél. 83.58.42.32.
Pu, scolarité gratuite,
stagiaires formation continue (11).

**EMSE,**
École nationale supérieure
des mines de Saint-Étienne,
158, cours Fauriel,
42023 Saint-Étienne cedex 02,
tél. 77.42.01.23.
Pu, scolarité gratuite (11).

**EN,**
École navale,
Lanvéoc-Poulmic,
29240 Brest-Naval,
tél. 98.23.30.00.
Pu ; rémunération élèves militaires :
4 500 F par mois (21).

**ENAC,**
École nationale de l'aviation civile,
7, avenue Édouard-Belin,
BP 4005,
31055 Toulouse cedex,
tél. 62.17.40.00.
Pu, scolarité gratuite ;
rémunération élèves fonctionnaires :
6 000 F par mois (21).

**ENESAD,**
Établissement national d'enseignement supérieur agronomique de Dijon,
26, boulevard du Docteur-Petitjean,
BP 1607, 21036 Dijon cedex,
tél. 80.77.25.25.
Pu, scolarité gratuite ;
rémunération élèves fonctionnaires :
6 500 F par mois (19).

**ENGEES,**
École nationale du génie de l'eau et de l'environnement de Strasbourg,
1, quai Koch, BP 1039 F,
67070 Strasbourg cedex,
tél. 88.25.34.50.
Pu ; frais de scolarité : 1 200 F par an pour les non-fonctionnaires ;
rémunération élèves fonctionnaires :
6 900 F par mois (21).

**ENGREF Nancy,**
École nationale du génie rural,
des eaux et des forêts,
14, rue Girardet,
54042 Nancy cedex,
tél. 83.39.68.00.
Pu ; rémunération élèves fonctionnaires : 7 000 F par mois (18).

**ENIBe,**
École nationale d'ingénieurs de Belfort,
Espace Bartholdi, Belfort technopôle,
BP 525, 90016 Belfort cedex,
tél. 84.58.23.00.
Pu, scolarité gratuite,
stagiaires formation continue (3).

**ENIBr,**
École nationale d'ingénieurs de Brest,
technopôle Brest-Iroise, CP 15,
29608 Brest cedex,
tél. 98.05.66.00.
Pu, scolarité gratuite (3).

**ENIC,**
École nouvelle d'ingénieurs en communication,
cité scientifique, rue Guglielmo-Marconi,
59658 Villeneuve-d'Ascq cedex,
tél. 20.33.55.77.
Pu ; frais de scolarité : 3 000 F par an ;
frais de formation continue : 100 000 F (6).

**ENIM,**
École nationale d'ingénieurs de Metz,
île du Saulcy, 57045 Metz cedex 01,
tél. 87.34.69.00.
Pu, scolarité gratuite (3).

**ENISE,**
École nationale d'ingénieurs de Saint-Étienne,
58, rue Jean-Parot,
42023 Saint-Étienne cedex 02,
tél. 77.43.84.84.
Pu, scolarité gratuite,
stagiaires formation continue (3).

**ENIT,**
École nationale d'ingénieurs de Tarbes,
chemin d'Azereix, BP 1629,
65016 Tarbes cedex,
tél. 62.44.27.00.
Pu, scolarité gratuite,
stagiaires formation continue (3).

**ENITA Bordeaux,**
École nationale d'ingénieurs des travaux agricoles de Bordeaux,
BP 201, 33175 Gradignan cedex,
tél. 56.04.03.03.
Pu, scolarité gratuite ; rémunération élèves fonctionnaires : 8 500 F par mois ;
stagiaires formation continue (19).

**ENITA Clermont-Ferrand,**
École nationale d'ingénieurs des travaux agricoles de Clermont-Ferrand,
Marmilhat, route nationale 89,
63370 Lempdes, tél. 73.98.13.13.
Pu, scolarité gratuite ;
rémunération élèves fonctionnaires :
6 500 F par mois (19).

**ENITHP Angers,**
École nationale d'ingénieurs des travaux de l'horticulture et du paysage,
2, rue Le Nôtre,
49045 Angers cedex 01,
tél. 41.22.54.54.
Pu ; frais de scolarité : 1 500 F par an ;
auditeurs libres : 6 630 F en 1re et 2e années, 9 150 F en 3e année ;
rémunération élèves fonctionnaires :
7 000 F par mois ; frais de formation continue : 9 150 F (19).

**ENITIAA,**
École nationale d'ingénieurs
des techniques des industries agricoles
et alimentaires,
domaine de la Géraudière,
44072 Nantes cedex 03,
tél. 51.78.54.54.
Pu, scolarité gratuite ; rémunération
élèves fonctionnaires : 6 700 F par mois
(19).

**ENM,**
École nationale de la météorologie,
42, avenue Coriolis,
31057 Toulouse cedex,
tél. 61.07.90.90.
Pu ; rémunération élèves
fonctionnaires : 6 800 F par mois (21).

**ENPC,**
École nationale des ponts
et chaussées,
28, rue des Saints-Pères,
75007 Paris,
tél. (1) 44.58.27.00.
Pu, scolarité gratuite (11).

**ENSA.M,**
École nationale supérieure
agronomique de Montpellier,
2, place Pierre-Viala,
34060 Montpellier cedex 01,
tél. 67.61.22.00.
Pu, scolarité gratuite (18).

**ENSAE Malakoff,**
École nationale de la statistique
et de l'administration économique,
3, avenue Pierre-Larousse,
92245 Malakoff cedex,
tél. (1) 41.17.51.55.
Pu (nh), scolarité gratuite ;
rémunération élèves fonctionnaires :
10 000 F par mois (21).

**ENSAE Toulouse,**
École nationale supérieure
de l'aéronautique et de l'espace,
10, avenue Édouard-Belin, BP 4032,
31055 Toulouse cedex,
tél. 62.17.80.80.
Pu, scolarité gratuite ;
rémunération élèves militaires : 6 000 F
par mois (11).

**ENSAIA,**
École nationale supérieure d'agronomie
et des industries alimentaires de Nancy,
2, avenue de la Forêt-de-Haye, BP 172,
54505 Vandœuvre-lès-Nancy cedex,
tél. 83.59.59.59.
Pu, scolarité gratuite (18).

**ENSAIS,**
École nationale supérieure
des arts et industries de Strasbourg,
24, boulevard de la Victoire,
67084 Strasbourg cedex,
tél. 88.14.47.00.
Pu, scolarité gratuite,
stagiaires formation continue (12).

**ENSAIT,**
École nationale supérieure
des arts et industries textiles,
2, place des Martyrs-de-la-Résistance,
59070 Roubaix cedex 01,
tél. 20.25.64.64.
Pu, scolarité gratuite (21).

**ENSAM Aix,**
École nationale supérieure d'arts
et métiers. Centre d'enseignement
et de recherche d'Aix,
2, cours des Arts-et-Métiers,
13100 Aix-en-Provence,
tél. 42.38.13.02.
Pu, scolarité gratuite,
stagiaires formation continue (12).

**ENSAM Angers,**
École nationale supérieure d'arts
et métiers. Centre d'enseignement
et de recherche d'Angers,
2, boulevard du Ronceray, BP 3525,
49035 Angers cedex 01,
tél. 41.20.73.73.
Pu, scolarité gratuite (12).

**ENSAM Bordeaux,**
École nationale supérieure d'arts
et métiers. Centre d'enseignement
et de recherche de Bordeaux,
esplanade des Arts-et-Métiers,
33405 Talence cedex,
tél. 56.84.53.33.
Pu, scolarité gratuite (12).

**ENSAM Châlons,**
École nationale supérieure d'arts
et métiers. Centre d'enseignement
et de recherche de Châlons,
3, rue de La Rochefoucauld, BP 508,
51006 Châlons-sur-Marne cedex,
tél. 26.69.26.89.
Pu, scolarité gratuite (12).

**ENSAM Cluny,**
École nationale supérieure d'arts
et métiers. Centre d'enseignement
et de recherche de Cluny,
place du 11-Août-1944, 71250 Cluny,
tél. 85.59.53.53.
Pu, scolarité gratuite,
stagiaires formation continue (12).

**ENSAM Lille,**
École nationale supérieure d'arts et métiers. Centre d'enseignement et de recherche de Lille,
8, boulevard Louis-XIV,
59046 Lille,
tél. 20.53.11.00.
Pu, scolarité gratuite (12).

**ENSAM Paris,**
École nationale supérieure d'arts et métiers. Centre d'enseignement et de recherche,
151, boulevard de l'Hôpital,
75013 Paris,
tél. (1) 44.24.62.99.
Pu, scolarité gratuite (12).

**ENSAR,**
École nationale supérieure agronomique de Rennes,
65, rue de Saint-Brieuc,
35042 Rennes cedex,
tél. 99.28.50.00.
Pu ; frais de scolarité : 1 000 F par an, 4 000 F pour les étudiants étrangers (18).

**ENSAT,**
École nationale supérieure agronomique de Toulouse,
145, avenue de Muret,
31076 Toulouse cedex,
tél. 61.42.83.98.
Pu, scolarité gratuite ;
frais de formation continue : 40 000 F (18).

**ENSBANA,**
École nationale supérieure de biologie appliquée à la nutrition et à l'alimentation,
campus universitaire,
1, esplanade Erasme, 21000 Dijon,
tél. 80.39.66.03.
Pu, droits universitaires (18).

**ENSCCF,**
École nationale supérieure de chimie de Clermont-Ferrand,
complexe des Cézeaux,
24, avenue des Landais, BP 187,
63174 Aubière cedex,
tél. 73.40.71.45.
Pu, droits universitaires : 2 815 F (14).

**ENSCI,**
École nationale supérieure de céramique industrielle,
47 à 73, avenue Albert-Thomas,
87065 Limoges cedex,
tél. 55.45.22.22.
Pu, scolarité gratuite (12).

**ENSCL,**
École nationale supérieure de chimie de Lille,
centre universitaire scientifique,
BP 108, 59652 Villeneuve-d'Ascq cedex,
tél. 20.43.41.24.
Pu ; droits universitaires : 1 680 F ; frais de formation continue : 120 000 F (14).

**ENSCM,**
École nationale supérieure de chimie de Montpellier, 8, rue de l'École-Normale,
34053 Montpellier cedex 01,
tél. 67.14.43.00.
Pu ; droits universitaires : 1 560 F (14).

**ENSCMu,**
École nationale supérieure de chimie de Mulhouse, 3, rue Alfred-Werner,
68093 Mulhouse cedex,
tél. 89.42.70.20.
Pu ; droits universitaires : 1 700 F ; stagiaires formation continue (14).

**ENSCP,**
École nationale supérieure de chimie de Paris, 11, rue Pierre-et-Marie-Curie,
75231 Paris cedex 05,
tél. (1) 44.27.66.85.
Pu ; droits universitaires : 1 560 F (15).

**ENSCPB,**
École nationale supérieure de chimie et de physique de Bordeaux,
351, cours de la Libération,
33405 Talence cedex,
tél. 56.84.65.65.
Pu, droits universitaires : 1 560 F (14).

**ENSCR,**
École nationale supérieure de chimie de Rennes, campus de Beaulieu,
avenue du Général-Leclerc,
35700 Rennes, tél. 99.87.13.00.
Pu, scolarité gratuite (14).

**ENSCT,**
École nationale supérieure de chimie de Toulouse,
118, route de Narbonne,
31077 Toulouse cedex,
tél. 61.17.56.56.
Pu, droits universitaires,
stagiaires formation continue (14).

**ENSEA,**
École nationale supérieure de l'électronique et de ses applications,
6, avenue du Ponceau,
95014 Cergy-Pontoise cedex,
tél. (1) 30.73.66.66.
Pu, scolarité gratuite, stagiaires formation continue (12).

**ENSEEG,**
École nationale supérieure d'électrochimie et d'électrométallurgie de Grenoble, domaine universitaire, BP 75, 38402 Saint-Martin-d'Hères cedex, tél. 76.82.65.00.
Pu, scolarité gratuite ; frais de formation continue : 20 000 F (13).

**ENSEEIHT,**
École nationale supérieure d'électrotechnique, d'électronique, d'informatique, d'hydraulique, 2, rue Charles-Camichel, 31071 Toulouse cedex, tél. 61.58.82.00.
Pu ; droits universitaires : 1 900 F ; frais de formation continue : 40 000 F (13).

**ENSEM,**
École nationale supérieure d'électricité et de mécanique, avenue de la Forêt-de-Haye, 54516 Vandœuvre-lès-Nancy, tél. 83.59.59.59.
Pu, scolarité gratuite ; frais de formation continue : 160 000 F (13).

**ENSERB,**
École nationale supérieure d'électronique et de radioélectricité de Bordeaux, 351, cours de la Libération, 33405 Talence cedex, tél. 56.84.65.00.
Pu, scolarité gratuite ; frais de formation continue : 30 000 F (13).

**ENSERG,**
École nationale supérieure d'électronique et de radioélectricité de Grenoble, 23, rue des Martyrs, BP 257, 38016 Grenoble cedex 01, tél. 76.85.60.00.
Pu ; droits universitaires : 1 700 F ; frais de formation continue : 25 200 F (13).

**ENSG Nancy,**
École nationale supérieure de géologie, 94, avenue de-Lattre-de-Tassigny, BP 452, 54001 Nancy cedex, tél. 83.32.85.86.
Pu ; droits universitaires : 1 600 F (20).

**ENSG Saint-Mandé,**
École nationale des sciences géographiques, 2-4, avenue Pasteur, 94160 Saint-Mandé, tél. (1) 43.98.80.00.
Pu ; frais de scolarité : 38 000 F par an ; scolarité gratuite pour les élèves destinés à l'IGN, rémunération élèves fonctionnaires : 6 900 F par mois (16).

**ENSGI,**
École nationale supérieure de génie industriel, INPG, 46, avenue Félix-Viallet, 38031 Grenoble cedex, tél. 76.57.46.01.
Pu, droits universitaires (20).

**ENSGSI,**
École nationale supérieure en génie des systèmes industriels, 4, allée Pelletier-Doisy, 54600 Villers-lès-Nancy, tél. 83.44.38.38.
Pu, droits universitaires (4).

**ENSGTI,**
École nationale supérieure en génie des technologies industrielles, rue Jules-Ferry, 64000 Pau, tél. 59.72.20.80.
Pu, droits universitaires (13).

**ENSHMG,**
École nationale supérieure d'hydraulique et de mécanique de Grenoble, domaine universitaire, 1023, rue de la Piscine, BP 95, 38402 Saint-Martin-d'Hères cedex, tél. 76.82.50.00.
Pu ; droits universitaires : 2 400 F ; frais de formation continue : 25 200 F (13).

**ENSIA,**
École nationale supérieure des industries agricoles et alimentaires, 1, avenue des Olympiades, 91305 Massy cedex, tél. (1) 69.93.50.50.
Pu ; frais de scolarité : 3 280 F par an (18).

**ENSIC,**
École nationale supérieure des industries chimiques de Nancy, 1, rue Grandville, BP 451, 54001 Nancy cedex, tél. 83.17.50.00.
Pu ; droits universitaires : 2 500 F (15).

**ENSICA,**
École nationale supérieure d'ingénieurs de constructions aéronautiques, 49, avenue Léon-Blum, 31056 Toulouse cedex, tél. 61.58.75.00.
Pu, scolarité gratuite, élèves militaires rémunérés (13).

**ENSIEG,**
École nationale supérieure d'ingénieurs-électriciens de Grenoble, domaine universitaire, BP 46, 38402 Saint-Martin-d'Hères cedex, tél. 76.82.62.00. Pu, droits universitaires, frais de formation continue : 40 000 F (13).

**ENSIETA,**
École nationale supérieure des ingénieurs des études et techniques de l'armement, rue François-Verny, 29806 Brest cedex 09, tél. 98.34.88.00.
Pu ; rémunération élèves militaires : 6 800 F par mois (21).

**ENSIGC,**
École nationale supérieure d'ingénieurs de génie chimique, 18, chemin de la Loge, 31078 Toulouse cedex, tél. 62.25.23.00.
Pu, scolarité gratuite (13).

**ENSIL,**
École nationale supérieure d'ingénieurs de Limoges, site Jide, 83, rue d'Isle, 87000 Limoges, tél. 55.43.36.70.
Pu, droits universitaires (20).

**ENSIMAG,**
École nationale supérieure d'informatique et de mathématiques appliquées, domaine universitaire de Saint-Martin-d'Hères, BP 53X, 38041 Grenoble cedex 09, tél. 76.82.72.66.
Pu ; droits universitaires : 1 800 F ; frais de formation continue : 42 200 F (13).

**ENSIMEV,**
École nationale supérieure d'ingénieurs de mécanique énergétique de Valenciennes, BP 311, 59304 Valenciennes cedex, tél. 27.14.12.02.
Pu, droits universitaires : 1 650 F (13).

**ENSITM,**
École nationale supérieure des industries textiles de Mulhouse, 11, rue Alfred-Werner, 68093 Mulhouse cedex, tél. 89.59.63.20.
Pu, scolarité gratuite (13).

**ENSMA,**
École nationale supérieure de mécanique et d'aérotechnique, site du Futuroscope, avenue Téléport, BP 109, 86360 Chasseneuil-du-Poitou cedex, tél. 49.49.80.80.
Pu, droits universitaires (13).

**ENSMIC,**
École nationale supérieure de la meunerie et des industries céréalières, 16, rue Nicolas-Fortin, 75013 Paris, tél. (1) 44.23.23.44.
Pu, scolarité gratuite (21).

**ENSMM,**
École nationale supérieure de mécanique et des microtechniques, chemin de l'Épitaphe, 25030 Besançon cedex, tél. 81.40.27.00.
Pu, scolarité gratuite ; frais de formation continue : 25 200 F (13).

**ENSMP,**
École nationale supérieure des mines de Paris, 60, boulevard Saint-Michel, 75272 Paris cedex 06, tél. (1) 40.51.90.00.
Pu, scolarité gratuite (11).

**ENSP Versailles,**
École nationale supérieure du paysage, 6 *bis,* rue Hardy, 78009 Versailles cedex, tél. (1) 39.53.98.89.
Pu (nh) ; frais de scolarité : 1 500 F par an (21).

**ENSPG,**
École nationale supérieure de physique de Grenoble, domaine universitaire, BP 46, 38402 Saint-Martin-d'Hères cedex, tél. 76.82.62.00.
Pu ; droits universitaires : 1 500 F ; frais de formation continue : 25 200 F (13).

**ENSPM Marseille,**
École nationale supérieure de physique de Marseille, domaine universitaire Saint-Jérôme, 13397 Marseille cedex 20, tél. 91.28.80.89.
Pu, droits universitaires, stagiaires formation continue (13).

**ENSPS,**
École nationale supérieure de physique de Strasbourg, parc d'innovation d'Illkirch, boulevard Sébastien-Brandt, 67400 Illkirch-Graffenstaden, tél. 88.65.50.00.
Pu, droits universitaires (13).

**ENSSAT,**
École nationale supérieure de sciences appliquées et de technologie, 6, rue de Kerampont, BP 447, 22305 Lannion, tél. 96.46.50.30.
Pu, droits universitaires (20).

**ENSSPICAM,**
École nationale supérieure
de synthèses, de procédés et
d'ingénierie chimiques d'Aix-Marseille,
avenue Escadrille-Normandie-Niémen,
13397 Marseille cedex 20,
tél. 91.28.86.00.
Pu, scolarité gratuite (14).

**ENST,**
École nationale supérieure
des télécommunications,
46, rue Barrault,
75634 Paris cedex 13,
tél. (1) 45.81.77.77.
Pu ; frais de scolarité : 5 500 F par an ;
rémunération élèves fonctionnaires :
11 560 F par mois (11).

**ENST Bretagne,**
École nationale supérieure
des télécommunications de Bretagne,
BP 832, 29285 Brest cedex,
tél. 98.00.11.11.
Pu ; frais de scolarité : 5 000 F par an ;
stagiaires formation continue (11).

**ENSTA,**
École nationale supérieure
de techniques avancées,
32, boulevard Victor, 75015 Paris,
tél. (1) 45.52.54.01.
Pu, scolarité gratuite,
élèves fonctionnaires rémunérés (11).

**ENSTIB,**
École nationale supérieure
des technologies et industries du bois,
Nancy 1, 27, rue du Merle-Blanc,
BP 1041, 88051 Épinal cedex 09,
tél. 29.31.96.57.
Pu, droits universitaires (20).

**ENSTIMA,**
École nationale supérieure
des techniques industrielles
et des mines d'Alès,
6, avenue de Clavières,
30319 Alès cedex,
tél. 66.78.50.00.
Pu, scolarité gratuite,
stagiaires formation continue (8).

**ENSTIMN,**
École nationale supérieure
des techniques industrielles
et des mines de Nantes,
3, rue Marcel-Sembat,
44049 Nantes cedex 04,
tél. 40.44.83.04.
Pu ; frais de scolarité : 3 000 F par an
(8).

**ENTM,**
École nationale des travaux maritimes,
rue Maurice-Audin,
69518 Vaulx-en-Velin cedex,
tél. 72.04.70.70.
Pu ; rémunération élèves fonctionnaires :
7 000 F par mois (16).

**ENTPE,**
École nationale des travaux
publics de l'État,
rue Maurice-Audin,
69518 Vaulx-en-Velin cedex,
tél. 72.04.70.70.
Pu, scolarité gratuite ; rémunération
élèves fonctionnaires : 7 000 F par mois
(16).

**EOPGS,**
École et observatoire de physique
du globe de Strasbourg,
5, rue René-Descartes,
67084 Strasbourg cedex,
tél. 88.41.63.00.
Pu ; droits universitaires : 1 686 F (20).

**EP,**
École polytechnique,
plateau du Moulon,
91128 Palaiseau cedex,
tél. (1) 69.33.47.36.
Pu, élèves militaires rémunérés (9).

**EPF,**
3 *bis,* rue Lakanal,
92330 Sceaux, tél. (1) 41.13.01.51.
Pr ; frais de scolarité :
27 700 F en 1re, 2e et 3e années ;
27 200 F en 4e année ; 25 850 F
en 5e année (5).

**EPITA,**
École pour l'informatique
et les techniques avancées,
106-112, boulevard de l'Hôpital,
75013 Paris, tél. (1) 44.08.00.20.
Pr (nh) ; frais de scolarité : 32 000 F
en 1re année, 38 000 F en 2e année,
38 000 F en 3e année, 38 000 F
en 4e année, 38 000 F en 5e année (5).

**EPMI,**
École de physique et mathématiques
industrielles,
centre polytechnique Saint-Louis,
13, boulevard de l'Hautil,
95092 Cergy-Pontoise cedex,
tél. (1) 30.75.60.40.
Pr (nh) ; frais de scolarité : 16 500 F
en 1re année, 16 500 F en 2e année,
23 000 F en 3e année, 23 000 F
en 4e année, 23 000 F en 5e année (5).

**EPSI Arras,**
École privée des sciences informatiques, 10, place du 33e, 62000 Arras, tél. 21.71.33.34.
Pr (nh) ; frais de scolarité : 34 900 F en 1re année, 34 900 F en 2e année, 33 900 F en 3e année (21).

**EPSI Bordeaux,**
École privée des sciences informatiques, 139, quai des Chartrons, 33000 Bordeaux, tél. 56.43.13.13.
Pr (nh) ; frais de scolarité : 34 900 F en 1re année, 34 900 F en 2e année, 33 900 F en 3e année (21).

**EPSI Montpellier,**
École privée des sciences informatiques, 437, rue des Apothicaires, parc Euromédecine, 34090 Montpellier, tél. 67.04.20.01.
Pr (nh) ; frais de scolarité : 34 900 F en 1re année, 34 900 F en 2e année, 33 900 F en 3e année (21).

**EPSI Paris,**
École privée des sciences informatiques, 43, rue de Trévise, 75009 Paris, tél. (1) 48.24.66.50.
Pr (nh) ; frais de scolarité : 34 900 F en 1re année, 34 900 F en 2e année, 33 900 F en 3e année (21).

**ESA,**
École supérieure d'agriculture, 55, rue Rabelais, BP 748, 49007 Angers cedex 01, tél. 41.23.55.55. Prc ; frais de scolarité : 17 900 F par an ; frais de formation continue : 59 800 F (1).

**ESA-IGELEC,**
École supérieure atlantique d'ingénieurs en génie électrique, Gavy-Océanis, BP 152, 44603 Saint-Nazaire cedex, tél. 40.90.50.30. Pr ; frais de scolarité : 26 000 F par an, stagiaires formation continue (21).

**ESAP,**
École supérieure d'agriculture de Purpan, 75, voie du Tœc, 31076 Toulouse cedex, tél. 61.49.23.11.
Prc ; frais de scolarité : 17 000 F par an (1).

**ESB,**
École supérieure du bois, La Chantrerie, rue Christian-Pauc, CP 3029, 44087 Nantes cedex 03, tél. 40.18.12.12.
Pr ; frais de scolarité : 13 000 F par an (21).

**ESBS,**
École supérieure de biotechnologie de Strasbourg, parc d'innovation, boulevard Sébastien-Brant, 67400 Illkirch-Graffenstaden, tél. 88.65.50.00.
Pu, droits universitaires (20).

**ESCIL-CPE Lyon,**
École supérieure de chimie industrielle de Lyon, bât. 308, 43, boulevard du 11-Novembre-1918, BP 2077, 69616 Villeurbanne cedex, tél. 72.44.84.96. Pr ; frais de scolarité : 17 000 F par an pour les deux dernières années assurées par l'ESCIL (14).

**ESCOM,**
École supérieure de chimie organique et minérale, centre polytechnique Saint-Louis, 13, boulevard de l'Hautil, 95000 Cergy-Pontoise, tél. (1) 30.75.60.20.
Pr ; frais de scolarité : 15 030 F en 1re année, 15 030 F en 2e année, 21 930 F en 3e année, 21 930 F en 4e année, 21 930 F en 5e année ; frais de formation continue : 43 860 F (1).

**ESCPI-Ingénieurs 2000,**
École supérieure de conception et de production industrielles, 5, boulevard Descartes, 77420 Champs-sur-Marne, tél. (1) 64.80.66.02.
Pu, élèves salariés (7 et 22).

**ESEAT,**
École supérieure de l'électronique de l'armée de terre, quartier Leschi, 35998 Rennes-Armées, tél. 99.84.32.99.
Pu, élèves militaires rémunérés (21).

**ESEM,**
École supérieure de l'énergie et des matériaux, rue Léonard-de-Vinci, 45067 Orléans cedex 72, tél. 38.41.70.50.
Pu, droits universitaires : 1 500 F ; frais de formation continue : 43 000 F (20).

**ESEO,**
École supérieure d'électronique de l'Ouest, 4, rue Merlet-de-la-Boulaye, BP 926, 49009 Angers cedex 01, tél. 41.86.67.67.
Pr ; frais de scolarité : 9 500 F en 1re année, 10 000 F en 2e année, 22 000 F en 3e année, 23 000 F en 4e année, 23 000 F en 5e année (1).

**ESGBMA,**
École supérieure en génie biologique et microbiologie appliquée, université d'Aix-Marseille 1, 3, place Victor-Hugo, 13331 Marseille cedex 03, tél. 91.62.37.43. Pu, scolarité gratuite (20).

**ESGI,**
École supérieure de génie informatique, 25, rue Saint-Ambroise, 75011 Paris, tél. (1) 43.55.44.44.
Pr (nh) ; frais de scolarité : 24 850 F en 1re année, 21 850 F en 2e année, 21 850 F en 3e année (21).

**ESGM,**
École supérieure du génie militaire, 3, rue Indépendance-Américaine, BP 1321, 78013 Versailles cedex, tél. (1) 30.97.52.99.
Pu, élèves militaires rémunérés (21).

**ESGT,**
École supérieure des géomètres et topographes, 18, allée Jean-Rostand, 91025 Évry cedex, tél. (1) 69.36.73.50.
Pu ; frais de scolarité : 1 600 F par an (21).

**ESI,**
École supérieure d'informatique, 94-98, rue Carnot, 93100 Montreuil-sous-Bois, tél. (1) 48.59.69.69.
Pr (nh) ; frais de scolarité : 30 000 F en 1re année, 30 000 F en 2e année, 34 000 F en 3e année, 34 000 F en 4e année, 34 000 F en 5e année (5).

**ESIA,**
École supérieure d'ingénieurs d'Annecy, 41, avenue de la Plaine, BP 806, 74016 Annecy cedex, tél. 50.66.60.00.
Pu, droits universitaires (20).

**ESIAL,**
École supérieure d'informatique et applications de Lorraine, boulevard des Aiguillettes, BP 239, 54506 Vandœuvre-lès-Nancy cedex, tél. 83.91.23.29.
Pu, droits universitaires (20).

**ESIEA Ouest,**
École supérieure d'informatique, électronique, automatique, 18, boulevard Lucien-Daniel, 53000 Laval, tél. 43.68.05.05.
Pr ; frais de scolarité : 28 900 F en 1re année, 28 900 F en 2e année, 29 100 F en 3e année, 29 100 F en 4e année, 29 100 F en 5e année (5).

**ESIEA Paris,**
École supérieure d'informatique, électronique, automatique, 9, rue Vésale, 75005 Paris, tél. (1) 43.37.78.43.
Pr ; frais de scolarité : 28 900 F en 1re année, 28 900 F en 2e année, 29 100 F en 3e année, 29 100 F en 4e année, 29 100 F en 5e année (5).

**ESIEC,**
École supérieure d'ingénieurs en emballage et conditionnement, esplanade Roland-Garros, pôle technologique Farman, BP 2776, 51069 Reims cedex, tél. 26.05.33.99.
Pu ; droits universitaires : 1 650 F (20).

**ESIEE Amiens,**
École supérieure d'ingénieurs en électrotechnique et électronique, 14, quai de la Somme, BP 100, 80083 Amiens cedex 02, tél. 22.66.20.00.
Co (nh) ; frais de scolarité : 15 900 F en 1re année, 15 900 F en 2e année, 21 300 F en 3e année, 21 300 F en 4e année, 12 300 F en 5e année (5).

**ESIEE Paris,**
École supérieure d'ingénieurs en électrotechnique et électronique, cité Descartes, BP 99, 93162 Noisy-le-Grand cedex, tél. (1) 45.92.65.05.
Co ; frais de scolarité : 15 900 F en 1re année, 15 900 F en 2e année, 21 300 F en 3e année, 21 300 F en 4e année, 12 300 F en 5e année ; frais de formation continue : 65 750 F (5).

**ESIGEC,**
École supérieure d'ingénieurs de Chambéry, campus scientifique, Savoie Technolac, 73376 Le Bourget-du-Lac cedex, tél. 79.75.85.85.
Pu, droits universitaires : 460 F (20).

**ESIGELEC,**
École supérieure d'ingénieurs en génie électrique, 1, rue du Maréchal-Juin, BP 14, 76131 Mont-Saint-Aignan cedex, tél. 35.52.80.20. Pr ; frais de scolarité : 27 800 F par an ; frais de formation continue : 117 000 F (21).

**ESIGETEL,**
École supérieure d'ingénieurs en informatique et génie des télécommunications, 1, rue du Port-de-Valvins, 77215 Avon cedex, tél. (1) 60.72.70.51.
Co ; frais de scolarité : 25 500 F par an (21).

**ESIL,**
École supérieure d'ingénieurs de Luminy,
163, avenue de Luminy,
13288 Marseille cedex 09,
tél. 91.26.91.97.
Pu, scolarité gratuite (20).

**ESIM,**
École supérieure d'ingénieurs de Marseille,
IMT, technopôle Château-Gombert,
13451 Marseille cedex 20,
tél. 91.05.44.44.
Co ; frais de scolarité : 12 100 F par an (21).

**ESINSA,**
École supérieure d'ingénieurs de Nice-Sophia-Antipolis,
2229, route des Crètes, CICA,
06560 Valbonne,
tél. 92.94.21.00.
Pu ; droits universitaires : 1 600 F (4).

**ESIP,**
École supérieure d'ingénieurs de Poitiers,
40, avenue du Recteur-Pineau,
86022 Poitiers cedex, tél. 49.45.37.17.
Pu, droits universitaires (20).

**ESITCOM,**
École supérieure en ingénierie des télécommunications,
2, rue de la Butte-Verte,
93160 Noisy-le-Grand,
tél. (1) 49.32.90.05.
Pr, scolarité gratuite ; frais de formation continue : 100 000 F (22).

**ESITE,**
École supérieure des industries textiles d'Épinal,
85, rue d'Alsace, 88025 Épinal cedex,
tél. 29.35.50.52.
Co ; frais de scolarité : 22 500 F par an ; 38 600 F pour les étudiants étrangers (21).

**ESITI,**
École supérieure d'ingénieurs des techniques de l'industrie,
2, rue de la Citadelle, 54000 Nancy,
tél. 83.35.82.82.
Pu, scolarité gratuite (22).

**ESITPA,**
École supérieure d'ingénieurs et de techniciens pour l'agriculture,
rue Grande, BP 607,
27106 Val-de-Reuil cedex,
tél. 32.59.14.59.
Co ; frais de scolarité : 14 600 F par an (5).

**ESM,**
École spéciale militaire de Saint-Cyr,
Saint-Cyr-Coëtquidan,
56381 Guer cedex, tél. 97.73.52.99.
Pu ; rémunération élèves militaires : 8 000 F par mois (21).

**ESM2,**
École supérieure de mécanique de Marseille,
IMT, technopôle de Château-Gombert,
13451 Marseille cedex 20,
tél. 91.05.44.34.
Pu, droits universitaires (13).

**ESME-SUDRIA**
4, rue Blaise-Desgoffe, 75006 Paris,
tél. (1) 45.48.03.70.
Pr ; frais de scolarité : 24 900 F en 1re année, 26 700 F en 2e année, 28 950 F en 3e année, 29 870 F en 4e année, 31 330 F en 5e année (5).

**ESMISAB,**
École supérieure de microbiologie et sécurité alimentaire,
technopôle Brest-Iroise,
29280 Plouzané, tél. 98.05.61.15.
Pu, droits universitaires ;
frais de formation continue : 10 000 F (20).

**ESO,**
École supérieure d'optique,
IOTA bât. 503, centre scientifique d'Orsay, BP 147, 91403 Orsay cedex,
tél. (1) 69.41.68.99.
Pr ; frais de scolarité : 4 700 F en 1re année, 5 100 F en 2e, 3 100 F en 3e, 52 500 F par an pour les étrangers hors Union européenne (10).

**ESP,**
École supérieure de plasturgie,
2, rue Pierre-et-Marie-Curie,
01810 Bellignat, tél. 74.81.92.60.
Pu ; frais de scolarité : 5 000 F par an (8).

**ESPCI,**
École supérieure de physique et chimie industrielles,
10, rue Vauquelin,
75231 Paris cedex 05,
tél. (1) 40.79.44.00.
Pu, scolarité gratuite (15).

**ESPEO,**
École supérieure des procédés électroniques et optiques,
université d'Orléans, 1, rue d'Amboise,
BP 6744, 45067 Orléans cedex 02,
tél. 38.41.70.02.
Pu, droits universitaires (8).

**ESSAIM,**
École supérieure des sciences appliquées pour l'ingénieur de Mulhouse, 12, rue des Frères-Lumière, 68093 Mulhouse cedex, tél. 89.59.69.00.
Pu, droits universitaires (20).

**ESSI,**
École supérieure en sciences informatiques, 930, route des Colles, les Templiers, BP 145, 06903 Sophia-Antipolis cedex, tél. 92.96.50.50.
Pu, droits universitaires (20).

**ESSTIN Nancy,**
École supérieure des sciences et technologies de l'ingénieur de Nancy, parc Robert-Bentz, 2, rue Jean-Lamour, 54500 Vandœuvre-lès-Nancy, tél. 83.50.33.33.
Pu, droits universitaires (4).

**ESTACA,**
École supérieure des techniques aéronautiques et de construction automobile, 3, rue Jules-Verne, 92300 Levallois-Perret, tél. (1) 47.31.81.00.
Pr ; frais de scolarité : 23 000 F en 1re année, 23 000 F en 2e année, 23 000 F en 3e année, 23 000 F en 4e année, 21 300 F en 5e année (5).

**ESTB Bordeaux,**
École supérieure de technologie des biomolécules de Bordeaux, université de Bordeaux 2, 146, rue Léo-Saignat, BP 87, 33076 Bordeaux cedex, tél. 57.57.10.44.
Pu, droits universitaires (20).

**ESTIT,**
École supérieure des techniques industrielles et des textiles, 52, allée Lakanal, BP 209, 59654 Villeneuve-d'Ascq cedex, tél. 20.91.35.21.
Pr ; frais de scolarité : 8 500 F en 1re année, 8 500 F en 2e année, 18 300 F en 3e année, 18 300 F en 4e année, 18 300 F en 5e année (1).

**ESTP Cachan,**
École supérieure de travaux publics de Cachan, 28, avenue du Président-Wilson, 94234 Cachan cedex, tél. (1) 44.41.11.18.
Pr ; frais de scolarité : 28 200 F par an (5).

**ESTP Caen,**
École supérieure de travaux publics de Caen.
École des travaux de la construction de Caen, 1, rue Pierre-et-Marie-Curie, 14610 Épron, tél. 31.46.23.00.
Pr ; frais de scolarité : 27 000 F par an (5).

**ESTP Metz,**
École supérieure des travaux publics de Metz, 6, rue Marconi, 57070 Metz, tél. 87.20.60.20.
Pr ; frais de scolarité : 27 000 F par an (5).

**ESTP Paris,**
École spéciale des travaux publics du bâtiment et de l'industrie, 57, boulevard Saint-Germain, 75240 Paris cedex 05, tél. (1) 44.41.11.18.
Pr ; frais de scolarité : 29 100 F par an (17).

**ETS-IPHC,**
European Tech School.
Institut polytechnique du Hainaut-Cambrésis de la CCI de Valenciennes, Tech 3000, chemin des Bourgeois, 59300 Aulnoy-lez-Valenciennes, tél. 27.28.42.22.
Co ; frais de scolarité : 28 000 F à 31 000 F par an ; frais de formation continue : 100 000 F (6).

**EUDIL,**
École universitaire d'ingénieurs de Lille, université des sciences et technologies de Lille 1, 59655 Villeneuve-d'Ascq cedex, tél. 20.43.46.08.
Pu ; droits universitaires : 1 726 F (20).

**FIRST,**
Formation d'ingénieurs de recherche en sciences et technologie des matériaux de l'université de Bourgogne, faculté des sciences, 6, boulevard Gabriel, BP 138, 21004 Dijon cedex, tél. 80.39.60.09.
Pu, droits universitaires (20).

**FIUPSO,**
Formation d'ingénieurs de l'université de Paris-Sud-Orsay, Maison de l'ingénieur, bât. 620, plateau du Moulon, 91405 Orsay cedex, tél. (1) 69.33.86.10.
Pu, droits universitaires : 1 500 F ; frais de formation continue : 11 000 F (20).

**HEI,**
Hautes études industrielles,
13, rue de Toul, 59046 Lille cedex,
tél. 20.30.83.14.
Pr ; frais de scolarité : 8 550 F
en 1re année, 8 550 F en 2e année,
18 800 F en 3e année, 18 800 F
en 4e année, 18 800 F en 5e année ; frais de formation continue : 77 350 F (1).

**IAAL,**
Institut agricole et alimentaire de Lille,
université des sciences et technologies de Lille 1, bâtiment C 6,
59655 Villeneuve-d'Ascq cedex,
tél. 20.43.47.96.
Pu, droits universitaires (20).

**ICAM Lille,**
Institut catholique d'arts et métiers,
6, rue Auber, 59046 Lille cedex,
tél. 20.93.58.55.
Pr ; frais de scolarité : 8 550 F
en 1re année, 8 550 F en 2e année,
18 800 F en 3e année, 18 800 F
en 4e année, 18 800 F en 5e année (1).

**ICAM Nantes,**
Institut catholique d'arts et métiers,
35, avenue du Champ-de-Manœuvres,
44470 Carquefou, tél. 40.52.40.52.
Pr ; frais de scolarité : 8 550 F
en 1re année, 8 550 F en 2e année,
18 800 F en 3e année, 18 800 F
en 4e année, 18 800 F en 5e année (1).

**ICAM Toulouse,**
Institut catholique d'arts et métiers,
155, avenue de Grande-Bretagne,
31052 Toulouse cedex,
tél. 61.31.33.77.
Pr ; frais de scolarité : 8 550 F
en 1re année, 8 550 F en 2e année,
18 400 F en 3e année, 18 400 F
en 4e année, 18 400 F en 5e année (1).

**ICF,**
Institut de formation d'ingénieurs Charles-Fabry, centre Saint-Jérôme,
avenue Escadrille-Normandie-Niémen,
13397 Marseille cedex 13,
tél. 91.28.81.30.
Pu ; frais de scolarité : 12 000 F en 2e et 3e années, 1re année statut étudiant, droits universitaires (20).

**ICPI-CPE Lyon,**
31, place Bellecour,
69288 Lyon cedex 02, tél. 72.32.51.51.
Prc ; frais de scolarité : 23 310 F par an pour les 2 dernières années assurées à l'ICPI (1).

**IFITEP,**
Institut de formation d'ingénieurs en techniques électroniques de Paris,
4, place Jussieu, case 232,
75252 Paris cedex 05,
tél. (1) 44.27.71.40.
Pu, stagiaires formation continue, élèves salariés (7).

**IFMA,**
Institut français de mécanique avancée,
campus des Cézeaux, BP 265,
63175 Aubière cedex,
tél. 73.28.80.00.
Pu, scolarité gratuite (21).

**IFSIC,**
Institut de formation supérieure en informatique et communication,
campus de Beaulieu,
35042 Rennes cedex,
tél. 99.84.71.00.
Pu, droits universitaires (20).

**IG2I,**
Ingénieurs en génie informatique et industriel,
rue Jean-Souvraz, 62300 Lens,
tél. 21.74.85.85.
Pu, scolarité gratuite ; frais de formation continue : 97 500 F.

**IIE,**
Institut d'informatique d'entreprise,
18, allée Jean-Rostand,
91025 Évry cedex, tél. (1) 69.36.73.50.
Pu ; frais de scolarité : 1 686 F par an (10).

**IMA,**
Institut de mathématiques appliquées,
3, place André-Leroy, BP 808,
49008 Angers cedex 01,
tél. 41.81.66.73.
Pr (nh) ; frais de scolarité :
12 400 F par an (5).

**IMAC,**
Institut image et communication,
44-50, avenue du Capitaine-Glaner,
93585 Saint-Ouen cedex,
tél. (1) 49.48.63.01.
Pu, droits universitaires (20).

**IMERIR,**
Institut méditerranéen d'intelligence artificielle et de robotique,
Maison de la formation, route de Thuir,
Orle, BP 2013, 66011 Perpignan cedex,
tél. 68.56.80.18.
Co (nh) ; frais de scolarité : 25 500 F en 1re année, 25 000 F en 2e année,
25 000 F en 3e année (21).

**INA,**
Institut national agronomique Paris-Grignon,
16, rue Claude-Bernard, 75005 Paris,
tél. (1) 44.08.16.61.
Pu ; frais de scolarité : 3 580 F par an (18).

**INSA Lyon,**
Institut national des sciences appliquées de Lyon,
20, avenue Albert-Einstein,
69621 Villeurbanne cedex,
tél. 72.43.83.83.
Pu, scolarité gratuite ; frais de formation continue : 35 500 F (2).

**INSA Rennes,**
Institut national des sciences appliquées de Rennes,
20, avenue des Buttes-de-Coësmes,
35043 Rennes cedex, tél. 99.28.64.00.
Pu, scolarité gratuite (2).

**INSA Rouen,**
Institut national des sciences appliquées de Rouen,
place Émile-Blondel, BP 08,
76131 Mont-Saint-Aignan cedex,
tél. 35.52.83.00.
Pu, scolarité gratuite, stagiaires formation continue (2).

**INSA Toulouse,**
Institut national des sciences appliquées de Toulouse,
complexe scientifique Rangueil,
31077 Toulouse cedex, tél. 61.55.95.13.
Pu, scolarité gratuite ; frais de formation continue : 28 000 F (2).

**INSFA,**
Institut national supérieur de formation agroalimentaire de Rennes,
65, rue de Saint-Brieuc,
35042 Rennes cedex, tél. 99.28.54.92.
Pu, scolarité gratuite (5).

**INSIA,**
Institut supérieur d'ingénierie appliquée,
28, rue des Francs-Bourgeois,
75003 Paris, tél. (1) 44.78.55.00.
Pr (nh) ; frais de scolarité : 35 000 F en 1re année, 35 000 F en 2e année, 32 000 F en 3e année, 33 000 F en 4e année, 33 000 F en 5e année (5).

**Institut scientifique et polytechnique Galilée,**
université Paris-Nord,
avenue Jean-Baptiste-Clément,
93430 Villetaneuse,
tél. (1) 49.40.35.49.
Pu, droits universitaires (20).

**INT,**
Institut national des télécommunications. École d'ingénieurs,
Les Épinettes, 9, rue Charles-Fourier,
91011 Évry cedex,
tél. (1) 60.76.40.40.
Pu ; frais de scolarité : 5 500 F par an, élèves fonctionnaires rémunérés (21).

**IPI,**
Institut supérieur consulaire de formation et promotion industrielle,
espace Raymond-Aron,
1, route de Louvois,
51520 Saint-Martin-sur-le-Pré,
tél. 26.65.11.75.
Co (nh) ; frais de scolarité : 18 400 F par an (21).

**IPI Verdun,**
Institut consulaire supérieur de formation et de promotion industrielle,
Actipôle Verdun Sud,
rue Pierre-Decotte, 55100 Verdun,
tél. 29.83.77.77.
Co (nh), scolarité gratuite (21).

**IPSA,**
Institut polytechnique des sciences appliquées,
Les Mercuriales, 40, rue Jean-Jaurès,
93176 Bagnolet cedex,
tél. (1) 49.72.10.22.
Pr (nh) ; frais de scolarité : 25 500 F à 29 000 F par an (5).

**IPSÉ,**
Institut polytechnique de Sévenans,
4, rue du Château,
90010 Belfort cedex,
tél. 84.58.30.00.
Pu, scolarité gratuite (4).

**IRESTE,**
Institut de recherche et d'enseignement supérieur aux techniques de l'électronique,
La Chantrerie, CP 3003,
44087 Nantes cedex 03,
tél. 40.68.30.00.
Pu, droits universitaires (20).

**ISA Lille,**
Institut supérieur d'agriculture,
41, rue du Port, 59046 Lille cedex,
tél. 20.30.83.14.
Pr ; frais de scolarité : 17 100 F par an (1).

**ISAB,**
Institut supérieur agricole de Beauvais,
BP 313, 60026 Beauvais cedex,
tél. 44.06.25.25.
Prc ; frais de scolarité : 16 800 F par an (1).

**ISAR Rhône-Alpes,**
Institut supérieur d'automatique et de robotique,
60, rue Barthélemy-de-Laffemas,
26000 Valence, tél. 75.75.70.80.
Co (nh) ; frais de scolarité : 18 600 F par an ; frais de formation continue : 76 100 F (21).

**ISARA,**
Institut supérieur d'agriculture Rhône-Alpes, 31, place Bellecour,
69288 Lyon cedex 02, tél. 72.32.51.00.
Prc ; frais de scolarité : 18 088 F en 1re année, 18 088 F en 2e année, 19 491 F en 3e année, 19 938 F en 4e année, 19 886 F en 5e année (1).

**ISAT,**
Institut supérieur de l'automobile et des transports,
49, rue Mademoiselle-Bourgeois,
58000 Nevers, tél. 86.71.50.00.
Pu, scolarité gratuite (6).

**ISD,**
Institut supérieur du design.
Centre de formation de la CCI de Valenciennes, Tech 3000,
10, rue Henri-Matisse,
59300 Aulnoy-lez-Valenciennes,
tél. 27.28.42.00.
Co (nh) ; frais de scolarité : 22 000 F en 1re année, 22 000 F en 2e année, 25 500 F en 3e année, 25 500 F en 4e année, 25 500 F en 5e année (5).

**ISE,**
Institut supérieur de l'environnement,
11, avenue Jean-d'Alembert, BP 131,
78196 Trappes cedex, tél. (1) 30.68.09.10.
Pr (nh) ; frais de scolarité : 30 000 F par an (5).

**ISEB,**
Institut supérieur d'électronique de Bretagne, 1, rue Louis-Pidoux,
29200 Brest, tél. 98.02.29.71.
Pr ; frais de scolarité : 8 550 F en 1re année, 8 550 F en 2e année, 21 000 F en 3e année, 21 000 F en 4e année, 21 000 F en 5e année (1).

**ISEM,**
Institut supérieur d'électronique de la Méditerranée, Maison des technologies, place Georges-Pompidou,
83000 Toulon, tél. 94.03.89.50.
Pr ; frais de scolarité : 8 350 F en 1re année, 8 350 F en 2e année, 19 800 F en 3e année, 19 800 F en 4e année, 19 800 F en 5e année (1).

**ISEN,**
Institut supérieur d'électronique du Nord,
41, bd Vauban, 59046 Lille cedex,
tél. 20.30.62.20.
Pr ; frais de scolarité : 8 550 F en 1re année, 8 550 F en 2e année, 23 200 F en 3e année, 23 200 F en 4e année, 23 200 F en 5e année (1).

**ISEP,**
Institut supérieur d'électronique de Paris,
28, rue Notre-Dame-des-Champs,
75006 Paris,
tél. (1) 49.54.52.44.
Pr ; frais de scolarité : 10 180 F en 1re année, 10 180 F en 2e année, 30 680 F en 3e année, 30 680 F en 4e année, 30 680 F en 5e année ; frais de formation continue : 105 000 F (1).

**ISIM,**
Institut des sciences de l'ingénieur de Montpellier,
place Eugène-Bataillon,
34095 Montpellier cedex 05,
tél. 67.14.31.60.
Pu, droits universitaires (20).

**ISIMA,**
Institut supérieur d'informatique, de modélisation et de leurs applications,
complexe des Cézeaux, BP 125,
63173 Aubière,
tél. 73.40.50.00.
Pu, scolarité gratuite (13).

**ISITEM,**
Institut des sciences de l'ingénieur en thermique, énergétique et matériaux,
La Chantrerie, CP 3023,
44087 Nantes cedex 03,
tél. 40.68.31.00.
Pu, droits universitaires (20).

**ISITV,**
Institut des sciences de l'ingénieur de Toulon et du Var,
avenue de l'Université, BP 132 F,
83957 La Garde cedex,
tél. 94.14.24.40.
Pu, droits universitaires (20).

**ISIV,**
Institut supérieur industriel de Valenciennes,
département NFI ISIV, UVHC, BP 311,
59304 Valenciennes,
tél. 27.14.13.12.
Pu, scolarité gratuite ; frais de formation continue : 106 000 F (6).

**ISMANS,**
Institut supérieur des matériaux du Mans, 5-7, avenue des Platanes, 72100 Le Mans, tél. 43.85.04.00.
Co ; frais de scolarité : 23 000 F par an (21).

**ISMEA,**
Institut supérieur de micro-électronique appliquée, IMT, technopôle Château-Gombert, 13451 Marseille cedex 20, tél. 91.05.44.87.
Co ; frais de scolarité : 12 000 F en 2e et 3e années ; 1re année statut étudiant, droits universitaires (21).

**ISMRA,**
Institut des sciences de la matière et du rayonnement. École nationale supérieure d'ingénieurs de Caen, 6, boulevard du Maréchal-Juin, 14050 Caen cedex, tél. 31.45.27.50.
Pu ; droits universitaires : 1 500 F (13).

**ISPA Alençon,**
École d'ingénieurs en plasturgie industrielle d'Alençon. Institut supérieur de plasturgie d'Alençon, Montfoulon, 61250 Damigny, tél. 33.81.26.00.
Co ; frais de scolarité : 20 000 F par an (21).

**IST Paris 6,**
Institut de sciences et technologie, 4, place Jussieu, 75252 Paris cedex 05, tél. (1) 44.27.73.13.
Pu, droits universitaires : 1 686 F, stagiaires formation continue (4).

**IST Vendée,**
Institut supérieur de technologie de Vendée, 17, boulevard des Belges, 85000 La Roche-sur-Yon, tél. 51.47.70.70.
Pr ; frais de scolarité : 8 550 F par an les 1re et 2e années ; les élèves sont salariés en cycle ingénieur ; frais de formation continue : 111 000 F, élèves salariés (7).

**ISTAB,**
Institut des sciences et techniques des aliments, avenue des Facultés, 33405 Talence cedex, tél. 56.84.87.53.
Pu, droits universitaires : 1 680 F (20).

**ISTASE,**
Institut supérieur des techniques avancées de Saint-Étienne, 23, rue du Docteur-Paul-Michelon, 42023 Saint-Étienne cedex 02, tél. 77.42.18.21.
Pu ; droits universitaires : 2 500 F, frais de formation continue : 28 800 F (20).

**ISTG,**
Institut des sciences et techniques de Grenoble, domaine universitaire, bât. B de physique, BP 53, 38041 Grenoble cedex 09, tél. 76.51.49.67.
Pu ; droits universitaires : 1 680 F (20).

**ISTIL,**
Institut des sciences et techniques de l'ingénieur de Lyon, 43, boulevard du 11-Novembre-1918, bât. 201, 69622 Villeurbanne cedex, tél. 72.43.12.24.
Pu ; droits universitaires : 1 600 F (20).

**ISTIM,**
Nouvelle formation d'ingénieurs en génie mécanique et productique, université de Metz, île du Saulcy, 57045 Metz cedex 01, tél. 87.31.51.20.
Pu ; frais de formation continue : 145 000 F, élèves salariés (22).

**ISTN,**
Institut supérieur de technologie du Nord, 65, rue Roland, 59000 Lille, tél. 20.22.36.00.
Pr ; frais de formation continue : 105 000 F, élèves salariés (22).

**ISTOM,**
Institut supérieur technique d'outre-mer, centre polytechnique Saint-Louis, 32, boulevard du Port, 95094 Cergy-Pontoise cedex, tél. (1) 30.75.62.60.
Pr (nh) ; frais de scolarité : 18 000 F par an (5).

**ISTP,**
Institut supérieur des techniques productiques de Saint-Étienne, 3, rue de la Productique, 42952 Saint-Étienne cedex 09, tél. 77.43.19.97.
Pr ; frais de formation continue : 156 000 F, élèves salariés (22).

**ISTY,**
Institut des sciences et techniques des Yvelines, 45, avenue des États-Unis, 78035 Versailles cedex, tél. (1) 39.25.40.69.
Pu, droits universitaires (20).

**ITECH Lyon,**
Institut textile et chimique de Lyon, 181-203, avenue Jean-Jaurès, BP 7034, 69342 Lyon cedex 07, tél. 78.72.28.31.
Pr ; frais de scolarité : 24 000 F par an (21).

**ITII Alsace,**
Institut des techniques d'ingénieurs de l'industrie d'Alsace, 8, rue de la Bourse, BP 1309, 68056 Mulhouse, tél. 89.36.63.66. Pr ; frais de formation continue : 47 000 F, élèves salariés (22).

**ITII Aquitaine,**
Institut des techniques d'ingénieurs de l'industrie d'Aquitaine, Maison de l'industrie, 40, avenue Maryse-Bastié, BP 75, 33523 Bruges cedex, tél. 56.57.44.35. Pr ; stagiaires formation continue ; élèves salariés (22).

**ITII Bourgogne,**
Institut des techniques d'ingénieurs de l'industrie de Bourgogne, Maison de l'entreprise, 6, route de Monéteau, BP 303, 89005 Auxerre cedex, tél. 86.49.26.26. Pr ; frais de formation continue : 120 000 F, élèves salariés (22).

**ITII Champagne-Ardenne,**
Institut des techniques d'ingénieurs de l'industrie de Champagne-Ardenne, faculté des sciences, Moulin de la Housse, BP 347, 51062 Reims cedex, tél. 26.05.32.73. Pu, scolarité gratuite, élèves salariés ; frais de formation continue : 115 000 F (7 et 22).

**ITII Lyon,**
Institut des techniques d'ingénieur de l'industrie de Lyon, espace formation métallurgie, 10, boulevard Edmond-Michelet, BP 8051, 69351 Lyon cedex 08, tél. 78.77.07.57. Pr, élèves salariés (22).

**ITII PACA,**
Institut des techniques d'ingénieurs de l'industrie Provence-Alpes-Côte d'Azur, tour Méditerranée, 65, avenue Cantini, 13298 Marseille cedex 02, tél. 91.80.91.48. Pr ; frais de formation continue : 130 000 F, élèves salariés (22).

**ITII Picardie,**
Institut des techniques d'ingénieurs de l'industrie de Picardie, CNAM, avenue des Facultés, 80025 Amiens cedex 01, tél. 22.89.16.24. Pu ; frais de formation continue : 150 000 F, élèves salariés (22).

**ITIIHN,**
Institut des techniques d'ingénieur de l'industrie du Havre, CFA de l'ADAMIC, ZI n° 2, rue Henri-Becquerel, BP 3530, 27035 Évreux, tél. 32.28.75.55. Pu, élèves salariés (20).

**IUSPIM,**
Institut universitaire des sciences pour l'ingénieur de Marseille, domaine universitaire de Saint-Jérôme, avenue Escadrille-Normandie-Niémen, 13397 Marseille cedex 20, tél. 91.05.60.00. Pu, droits universitaires (20).

**IUSTI,**
Institut universitaire des systèmes thermiques industriels, campus Saint-Jérôme, 52, avenue Escadrille-Normandie-Niémen, 13397 Marseille cedex 20, tél. 91.28.82.00. Pu, droits universitaires (20).

**Mines de Douai,**
École nationale supérieure des techniques industrielles et des mines de Douai, 941, rue Charles-Bourseul, BP 838, 59508 Douai cedex, tél. 27.93.22.22. Pu ; frais de scolarité : 1 600 F par an ; frais de formation continue : 10 400 F (8).

**NFI informatique,**
Nouvelles filières d'ingénieurs de Paris-Sud, plateau du Moulon, Maison de l'ingénieur, BP 127, 91403 Orsay cedex, tél. (1) 69.33.86.30. Pu, scolarité gratuite, stagiaires formation continue (6).

**NFIO,**
Nouvelles filières d'ingénieurs en optronique de l'université Paris-Sud, centre scientifique d'Orsay, bât. 470, 91405 Orsay cedex, tél. (1) 69.41.67.50. Pu, scolarité gratuite ; frais de formation continue : 125 000 F (6).

**Supélec Metz,**
École supérieure d'électricité, technopôle Metz 2000, 2, rue Édouard-Belin, 57078 Metz cedex 03, tél. 87.74.99.38. Pr ; frais de scolarité : 1 700 F par an ; 52 000 F pour les élèves hors Union européenne ; frais de formation continue : 52 000 F (10).

**Supélec Paris,**
École supérieure d'électricité, plateau du Moulon, 91192 Gif-sur-Yvette cedex, tél. (1) 69.85.12.12.
Pr ; frais de scolarité : 1 700 F par an ; 52 000 F par an pour les élèves hors Union européenne ; frais de formation continue : 52 000 F (10).

**Supélec Rennes,**
École supérieure d'électricité, avenue de la Boulais, BP 28, 35511 Cesson-Sévigné cedex, tél. 99.84.45.00.
Pr ; frais de scolarité : 1 700 F par an ; 52 000 F pour les élèves hors Union européenne ; frais de formation continue : 52 000 F (10).

**UTC,**
Université de technologie de Compiègne, centre Benjamin-Franklin, rue Roger-Couttolenc, BP 649, 60206 Compiègne cedex, tél. 44.23.44.23.
Pu, droits universitaires (4).

**UTT,**
Université de technologie de Troyes, 13, boulevard Henri-Barbusse, BP 2060, 10010 Troyes cedex, tél. 25.80.21.20.
Pu, droits universitaires : 300 F (4).

# PUBLICITÉ-INFORMATION

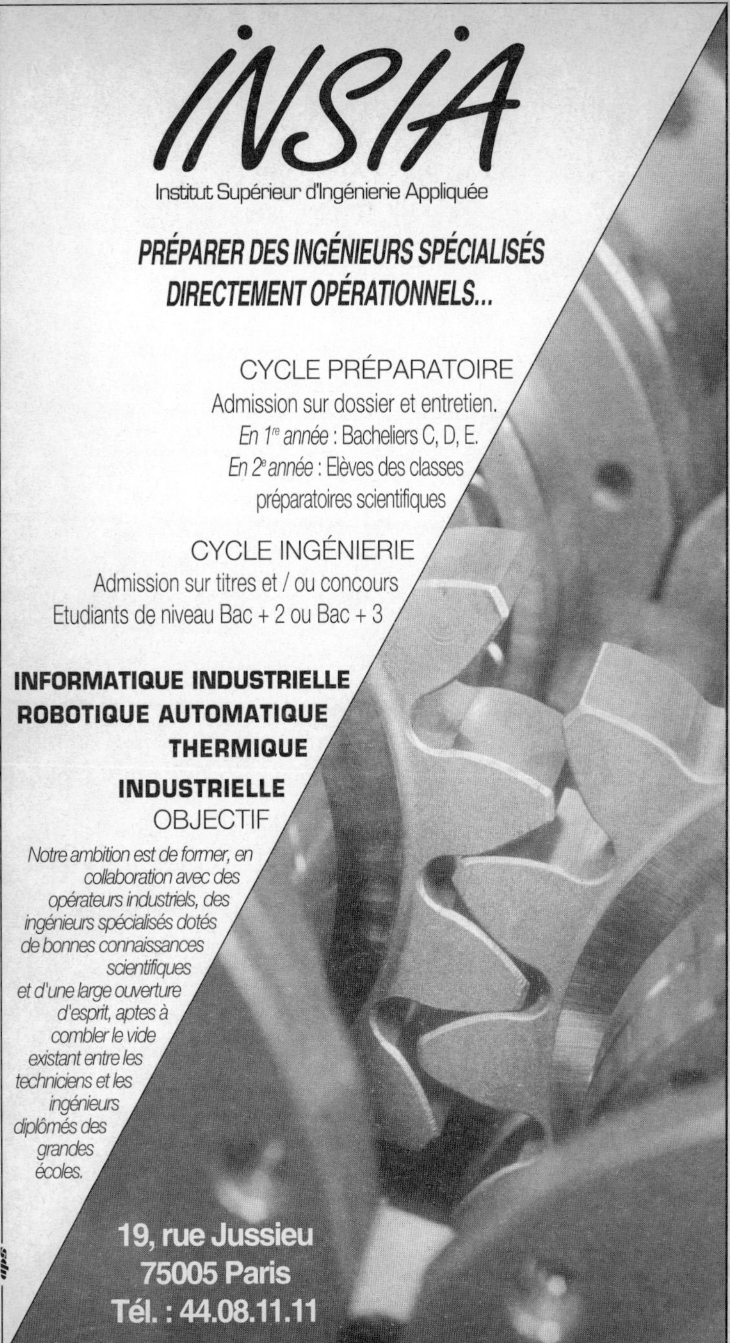

INSIA
Institut Supérieur d'Ingénierie Appliquée
PRÉPARER DES INGÉNIEURS SPÉCIALISÉS DIRECTEMENT OPÉRATIONNELS...
CYCLE PRÉPARATOIRE
Admission sur dossier et entretien.
En 1re année : Bacheliers C, D, E.
En 2e année : Elèves des classes préparatoires scientifiques
CYCLE INGÉNIERIE
Admission sur titres et / ou concours
Etudiants de niveau Bac + 2 ou Bac + 3
INFORMATIQUE INDUSTRIELLE
ROBOTIQUE AUTOMATIQUE
THERMIQUE
INDUSTRIELLE
OBJECTIF
Notre ambition est de former, en collaboration avec des opérateurs industriels, des ingénieurs spécialisés dotés de bonnes connaissances scientifiques et d'une large ouverture d'esprit, aptes à combler le vide existant entre les techniciens et les ingénieurs diplômés des grandes écoles.
19, rue Jussieu
75005 Paris
Tél. : 44.08.11.11

# INDEX

# F



# G - H



# I - J - L



# M



# N



# O



# P



# R

# DONNEZ-NOUS VOTRE AVIS !

Ce livre est remis à jour régulièrement.
Pour l'améliorer, votre avis nous est indispensable.
N'hésitez pas à nous communiquer critiques et suggestions.

NOM .................................................. Prénom ........................

Adresse ..........................................................................................

.................................................................. tél. ..................................

À RETOURNER À OLIVIER ROLLOT, « L'ETUDIANT PRATIQUE »
27, RUE DU CHEMIN-VERT - 75543 PARIS CEDEX 11

204 - 02/95

Imprimé en France. — Jouve, Paris
N° 224227W


27, rue du Chemin-Vert, 75543 Paris cedex 11
Dépôt légal : février 1995

ISBN 2-86745-487-5
ISSN 0759-9064